企业志愿文化:
Corporate Volunteer Culture:
可持续发展软实力
The Soft Power of Sustainable Development

桂浩 / 著

西南财经大学出版社

四川·成都

图书在版编目(CIP)数据

企业志愿文化:可持续发展软实力/桂浩著.—成都:西南财经大学
出版社,2022.1(2022.12 重印)

ISBN 978-7-5504-5146-9

Ⅰ.①企⋯　Ⅱ.①桂⋯　Ⅲ.①企业—志愿—社会服务—研究

Ⅳ.①F272-05

中国版本图书馆 CIP 数据核字(2021)第 240031 号

企业志愿文化:可持续发展软实力

QIYE ZHIYUAN WENHUA:KECHIXU FAZHAN RUAN SHILI

桂浩　著

总 策 划:冯卫东
策划编辑:何春梅
责任编辑:李　才
责任校对:周晓琬
装帧设计:冯单单
责任印制:朱曼丽

出版发行	西南财经大学出版社(四川省成都市光华村街 55 号)
网　　址	http://cbs.swufe.edu.cn
电子邮件	bookcj@ swufe.edu.cn
邮政编码	610074
电　　话	028-87353785
照　　排	四川胜翔数码印务设计有限公司
印　　刷	四川煤田地质制图印务有限责任公司
成品尺寸	170mm×240mm
印　　张	13.5
字　　数	189 千字
版　　次	2022 年 1 月第 1 版
印　　次	2022 年 12 月第 2 次印刷
书　　号	ISBN 978-7-5504-5146-9
定　　价	78.00 元

特别致谢

首先，感谢康奈尔大学教授 Christopher Marquis 先生在过去两年中的鼓励和支持，是他催促和提醒本人完成此书；同时感谢中心的一些同学如何欣欣、徐赛、谭彪、王卓尔、冯甄桢和陈娟等，他们参与了书稿的整理；还要感谢中心同事王莹，她不遗余力地参与管理团队、分配书稿，后期与出版社协调。

其次，此书能够出版，要感谢公益界多年的好友段毅强先生，是他帮助笔者结识了安邦咨询（成都）的总经理王亚东先生和天珍传奇创始人郑显坪先生。

再次，要特别感谢王亚东和郑显坪两位企业家的赞助，因为有他们的爱心捐助，拙著才得以顺利公开出版，贡献给有心做好公益和志愿服务的企业。他们二位还带领企业捐资助学，践行企业社会责任。

最后，感谢康奈尔大学教授 Christopher Marquis 先生，天九共享集团 CEO 戈峻，英特尔（中国）有限公司前首席责任官杨钟仁，和众泽益志愿服务中心创始人、主任王忠平，电子科技大学经济与管理学院慈善与社会企业研究中心副教授吴继红，中国青年志愿者协会常务理事、西南大学全国民政理论政策研究基地研究员周林波，中国志愿服务联合会研究会专家委员吴元兵、成都市中小企业协会执行会长苏非为本书做特别推荐和作序。

推荐语

　　这本凝聚了桂浩老师 20 余年的志愿服务经历和管理经验，特别是 14 年在英特尔公司建立志愿服务文化体系的经验和 2 年多志愿服务研究与咨询经验的精华，既有相关理论知识，又有切实可行的实操步骤和方法，每个部分都有丰富、鲜活的企业志愿服务案例。本书可以让您明了企业为什么要建设志愿服务文化、如何建设企业文化、如何创新志愿服务。同时，本书读起来趣味盎然，让您从企业案例中受到启发，产生思维碰撞。

　　正在阅读本书的您可能也参与过志愿服务，在为他人贡献中体验过幸福、体验过把他人看作伙伴并从中感到"自己有位置"，即共同体感觉。感恩有您翻开这本书，并在自己的工作中践行，通过建设企业志愿文化助力持续志愿服务，传播志愿服务精神，为建设友善、温暖的社会点燃星星之火。

吴继红

电子科技大学经济与管理学院慈善与社会企业研究中心　副教授

　　《企业志愿文化：可持续发展软实力》一书，是作者多年来在企业志愿服务领域实践和研究的精华，拥有一定的理论高度、实务广度和实践效度，是兼具系统性、工具性、实际性和普及性的优秀读本。

周林波

西南大学文化与社会发展学院继续教育办公室主任

本书结合理论和实践深刻阐述了企业志愿服务文化，并站在战略的高度为企业开展志愿服务提供指导，是员工志愿者手中的行动指南，是企业志愿服务领域的武功秘籍。

王卫娜

天齐锂业股份有限公司 ESG 总监

近些年，中国企业的志愿服务发展为一种热潮。当前，志愿服务作为社会治理创新的有效手段，受到国家和社会越来越多的重视，成为企业公益和推动社会发展的重要组成部分。

企业如何以志愿服务的形式参与社会治理，激发社会治理新活力，成为推动创新发展、绿色发展、可持续发展的强大新动能？《企业志愿文化：可持续发展软实力》将会为您进一步解读企业志愿服务所蕴藏的文化价值、人力价值、经济价值和发展价值。

苏 非

成都市中小企业协会执行会长

作为企业文化的重要内容，企业志愿文化受到发达国家企业主的高度重视。发达国家很多企业主把发展志愿文化当作公司内部治理的一种方法。

企业志愿文化的发展需要多方共同努力。企业志愿文化在发展中国家特别是欠发达国家还是新生事物，尚未成为企业主们的共识，也没有影响到广大企业职工。但是，作为企业文化的重要增长点，企业志愿文化在内部治理与社会影响方面有着不可替代的作用，需要引起党和政府的关注，需要学界指供理论指导，更需要广大企业主的重视与推动，还需要广大企业职工的文明实践。

吴元兵

中国志愿服务联合会研究会专家委员

本书融合了桂浩老师多年来的心血，以及在实践中打造出的宝贵经验。本书从国际化的视角出发，结合本土的实际情况，并配以大量的国际、国内公司的案例，从理论到实践，将志愿者服务的理论和方法完善地呈现了出来。

马卓燕

德州仪器半导体制造（成都）有限公司企业公关传播部沟通传播经理

本书从企业的角度出发，切实解决企业在志愿文化建设过程中遇到的各种问题。采用系统的理论知识与企业实践案例相结合的方式，可以让你更快捷、更有效地接收作者想要传递的信息，对企业的志愿文化建设工作具有较大的指导和借鉴意义。希望通过阅读本书，你对企业志愿文化有一个全新的认识。

李 端

迈克生物行政管理部经理、工会主席

在当今时代，除了创造经济价值，企业还需要满足顾客和社会的多种要求，实现可持续发展。企业志愿活动是企业创造社会价值的重要途径之一。通过把创造社会价值纳入企业战略、运营和决策之中，设计和开展与企业战略一致的志愿活动，可以提高员工满意度和敬业度，同时提升企业的社会影响力。更重要的是，它可以激发员工对企业的文化和价值观更深的认同。

王红英

戴尔科技集团成都研发中心 CSR 负责人

如果一个企业想开展志愿服务活动，但又怕成本高、耗时长、效果差，那么本书是绝佳的操作指南。书中干货满满，不仅有理论渊源，更有大量高效实用的工作方法和创意策划。本书从组织文化、制度建设、团队搭建、活动策划、考核评价等各方面，对如何做好志愿服务进行了全面阐述，同时对工作中的重点、难点进行分析并给出了解决办法，还介绍了结合微信等新兴网络应用的智能管理系统。

翻开本书，您不会失望！

三峡集团移民工作办公室志愿者　曹凌燕

序一 为什么员工志愿者计划是成功组织文化的基石

尽管已有 50 多年的学术研究历史和数百项的研究成果，但企业社会责任（CSR）和可持续发展计划如何带来财务绩效效益仍是一个热议的话题。早期有学者研究了企业社会责任的总体绩效效益，但最近，学者们已经开始解读一些关键的潜在过程。这些过程将可持续性与绩效结果特别是企业社会责任实践的重要人力资源效益如员工志愿项目联系起来。

正如 Bhattacharya、Sen 和 Korschun 在 2008 年《斯隆管理评论》（*Sloan Management Review*）的一篇文章中所说的，这类项目"促使公司人性化，但工作本身很多方面是无法做到的"。换句话说，"一份薪水可能留下一个人，但无法留下他的心"，像企业志愿服务这样的活动可以清晰地表达一个组织的宗旨、价值观和对社会的关怀，它通常可以成为员工加入并留在公司的一个理由，并可能增加员工的承诺。他们的研究表明，当企业的社会参与和员工产生共鸣，比如开展志愿者活动时，参与这样的项目可以通过增加员工对组织的承诺和增强动机、支持招聘和激发努力，创造商业价值。此外，如果志愿服务项目设计得当，通过培训传授新的技能，就可以为公司带来巨大的价值。

承诺和动机

员工志愿活动可以带来更多的组织认同，这是指员工有了与他或她的组织"合而为一"的感觉。员工从他们工作的部门获得部分自我定

1

义——他们如何看待自己。

比如：在英特尔的志愿服务活动中，常常是一个部门十几个人或者几十个人参加，大家分工不同，完成后有很大的成就感，不仅员工彼此了解了更多，而且激发了员工的凝聚力，员工觉得部门是一个非常有爱的温暖的大家庭。

我们研究了参加各自公司社区外展项目的员工在态度和工作行为上的变化情况。研究结果显示，参与这些社区项目的员工对各自公司的认同感在统计上显著增强，这与工作表现的提升相关，也是因为员工强烈认同他们的组织，这也成为他们个人经历的一部分。员工认同感的增强不仅会带来更大程度的承诺，还会带来更强烈的动机，因为实现组织目标对组织和自身都有积极的影响。许多研究表明，企业社会责任通过将员工的价值观和公司的价值观联系起来，是可以提高员工的积极性和绩效的。

这是特别重要的，因为心理学家和经济学家的研究表明，单凭金钱报酬并不能激发员工的动机。雇主们似乎意识到，承诺和激励确实不能用金钱买到，必须靠努力才能获得。例如，国际人力资源协会（International Association of Human Resources）2009 年的一篇文章写道："在雇主眼中，现金不再是最重要的，因为在经济衰退中，奖金的作用已经失去了光彩。"事实上，对员工敬业度的重视和对特定的、高价值员工的关注，正在取代高薪。公司不再认为仅凭工资和经济利益就能购买员工的承诺或最大限度地激励员工。这里有许多公司需要解决的基本情感需求，包括自尊、自我发展、工作成就等。

招聘和留任

员工志愿服务等企业社会责任项目也可以成为招聘过程中的一种工具。如前所述，Sen 等人发现，对于有公司社会责任倡议的企业，个人与公司的关系会更密切，对公司的组织认同也更强，求职者也更有意向去这家公司求职。

Greening 和 Turban 发现，潜在求职者更倾向于在有社会责任感的公司而不是在声誉不好的公司工作。他们还发现，公司的社会表现和声誉与其作为雇主的吸引力呈正相关关系。对于千禧一代和 Z 世代的员工来说尤其如此。

斯坦福商学院（Stanford Business School）2008 年的一项研究证实，企业社会责任可能提供比金钱更有吸引力的激励。研究发现，样本中超过 90% 的 MBA 人愿意放弃经济利益，以便为一个在企业社会责任和道德方面享有更好声誉的组织工作。同样，德勤会计师事务所（Deloitte LLP）2004 年的一项研究发现，在选择两份地点、职位描述、薪酬和福利相同的工作时，72% 的美国雇员会选择支持有慈善事业的公司。

例如，世界领先的户外品牌添柏岚（Timberland）已经花了 25 年时间支持员工志愿服务。其独特的企业文化被认为是在招聘过程中吸引人才的原因。在添柏岚，员工可以随时请假去做志愿者。此外，添柏岚尊重员工个人的热情，通过各种赞助或非赞助活动提供志愿服务。他们赞助的平台"www. VolunteerMatch. org"鼓励顾客在当地社区寻找志愿服务机会。他们还发起了"城市绿化"和"服务–派对"两项倡议，鼓励员工及其合作伙伴参与社区活动。

此外，志愿活动可以帮助公司留住员工。鼓励进入执行层的员工参与，并利用企业社会责任提供发展机会，将使组织有别于其他组织。

明确企业社会责任，与组织进行有效沟通，并理解业务案例，将使组织更有效。《超越好公司》（*Beyond Good Company*）一书的作者古金斯（Bradley Googins）、米尔维斯（Philip Mirvis）和罗克林（Steven Rochlin）建议，公司继续"让员工不仅仅是作为员工，而是作为工人、父母、社区成员、消费者、投资者和地球上的共同居民等多重身份，参与进来"。

例如，第 4 章阐述的德州仪器成都公司（TI Chengdu）的八项原则，会让选择在德州仪器成都公司工作的员工产生共鸣。在竞争激烈的市场中，这些人才成为公司持续发展的关键资本。志愿服务可以向员工展示其真实和实质性的参与经验。德州仪器成都公司的志愿活动不仅对在职人员开放，也对退休人员开放，这使得所有员工都能高度参与公司文化建设。

新技能和培训

在过去 10 年，除了传统方式，志愿服务机制也成为技能培训的有效方法，并一直在增加。越来越多的公司选择能够创造经济价值和社会价值的企业社会责任计划，并发现将企业社会责任计划与员工技能相结合，是培养内部能力的有效方法。21 世纪企业社会责任活动除了能获得员工工作所需的技能外，还能对人际合作等工作行为产生积极影响。

例如，IBM 的企业服务团（Corporate Service Corps）允许员工为新兴市场的非政府组织服务。项目包括：评估产品效力和为罗马尼亚一家小公司制订销售计划；分析援助加纳工匠的供应链，并为坦桑尼亚阿鲁沙的非洲野生动物基金会制定商业计划和财务管理策略。这类项目为员工提供了机会，使他们用到了工作中的技能，又学到了全新的技能。

在第 18 章中，成都企业志愿者服务联盟为其成员企业培训志愿者起到了至关重要的作用。这里有 40 多家会员企业，对员工志愿者进行紧急救援和救灾技能的集体培训。四川康艺医疗器械有限公司是其成员企业之一，联盟为其提供医疗设备培训，使 300 多名拥有自动体外除颤器（AED）知识和心肺复苏技能的员工受益。这些技能通过志愿者培训，传播到美发、美容、餐饮、资讯科技等行业的会员企业，并通过与各行业的合作进一步丰富。目前，国家电网、中建三局、中国电信、中国微电子、京东方、酷都网、链家、美团、星巴克中国等已加入成都企业志愿者服务联盟。

总结

员工志愿者作为传播企业文化的大使，员工志愿者活动也可以是一场更新消费者对公司及其企业形象的期望的活动。实证研究也表明，公司赞助的员工志愿活动可以有效改善公司受损的声誉。例如，有证据表明，外国投资者和海外子公司愿意参与员工志愿项目，以提高他们在东道国的生存率和成长率。例如，苹果公司在 2015 年推出了一个全球志愿者计划，并因其员工敬业度被声誉研究所评为 2015 年全球排名前五的最佳工作场所之一。苹果的国际实践也为中国企业提供了一个范例，他们不仅在国内，而且在全球扩张的过程中，都将企业志愿服务作为一项重要战略。

——Christopher Marquis

康奈尔大学教授

2021 年 8 月 26 日

序二　以志愿服务创美好生活

　　很高兴收到桂浩先生的邀请为《企业志愿文化：可持续发展软实力》一书作序。作为具有 20 多年丰富志愿服务经历和管理经验的从业者，不论是在英特尔这样的跨国企业负责志愿服务和企业社会责任管理，还是在国际 NGO 从事志愿服务管理，桂浩一直对志愿服务有着无限的激情、深度的思考和独到的见解，此次新书付梓，相信会为大家带来一顿丰盛的思想盛宴。

　　志愿服务是人类奉献精神的集中体现，是社会文明进步的重要标尺，代表着社会文明发展水平。近年来，志愿服务越来越广泛和深入，国家层面的宏观战略布局建构成形，行业规范加强，但民间志愿服务组织发展稍显迟缓，企业参与志愿服务的积极性仍有待进一步提升。桂浩的新书正是通过大量深入浅出的实践分析，弥合了志愿服务理论与实践的缝隙，为企业参与志愿服务提供指导，并为志愿服务推动可持续发展提供了新路径。

　　专业化的志愿者队伍建设，是推动志愿服务活动持续健康开展的基础。桂浩结合自身多年丰富的志愿服务工作经历，通过大量国企、外企和民企志愿服务案例，提出企业应将倡导志愿服务的理念融入企业文化和企业战略建设中，鼓励员工积极参加志愿服务活动，激励企业创新，激励企业商业向善。这为正在筹建志愿服务体系的企业和从事企业志愿服务的管理者提供了具有操作指导价值的"专业宝典"，具有很强的实操性。

随着全球化进程的日益加快，全球命运与共、休戚相关，可持续发展成为全人类共同面对的机遇和挑战。2015 年，联合国发布的 17 个可持续发展目标（sustainable development goals，SDGs），所倡导的合作和参与意识，与志愿者精神高度契合，并为全球可持续发展提供了新思路。桂浩指出通过跨界合作、协同创新开展志愿服务，有益于创新志愿服务模式，有效解决复杂的社会问题，帮助实现可持续发展目标，创造一个更美好的社会。

企业志愿文化不仅对内形成凝聚力，还带动利益相关方的共同参与，对外辐射形成社会正能量。本书为企业志愿服务奉献智慧，相信企业家、志愿服务管理者、政府部门等也会从中受到启发。我认为本书在讲解企业志愿文化理念的同时，为我们思考可持续发展提供了另一个有价值的视角，提醒人们在人类命运共同体中，志愿服务可以见证经济、社会、环境的进步和可持续发展，值得全社会持续关注并深度参与。

戈峻

天九共享集团 CEO

2021 年 8 月 26 日

序三　志愿服务是驱动企业文化的引擎

　　我仍然清楚地记得我和桂浩先生在上海第一次见面的那个夏日，他是一个说话温和、谦虚、有激情的年轻人。没想到，在后面的十年，我们一起踏上了一段旋风之旅。这是一次企业和个人转型的旅程，使企业责任成为关键的使命，这也是一段释放每个人最好的潜能的旅程，促进了企业对社会的责任担当。

　　我有机会亲眼目睹桂浩先生如何激励和动员内部员工和外部组织一同应对一些最严峻的社会和环境挑战。我也有机会见证桂浩先生如何巧妙地驾驭企业局势并将关键利益相关者团结在一起，以创造共享的商业价值和社会价值。我更荣幸看到桂浩先生作为变革推动者如何迎接挑战并将志愿文化作为其组织的基石。

　　无数次，我都对桂浩先生超乎寻常的能力感到叹服。他能够透过所见平常之物，将点点滴滴联系起来，并提出具有深远影响的创新计划。他的远见、创造力、毅力以及他标志性的谦逊，在内部和外部都赢得了一大批追随者。

　　这不是一本普通的书，它是一本有全球视野的当代实践之作。这本书通过作者在企业环境中的大胆社会实践，全面、系统地提炼了 20 年来的创新成果。它为企业奠定了社会创新和成长的基础，它是关于如何从根本上启用组织内部的软实力、保持可持续发展的摩尔定律。

对于打算踏上文化转型之旅以实现共享商业价值的企业和商业领袖，我强烈推荐这本书，这是从业者必读的实用指南和启发性案例荟萃。

让旅程开始吧！

杨钟仁

英特尔（中国）有限公司前首席责任官

2021 年 8 月 26 日

序四 企业志愿服务是新时代 文明下的重要实践

　　党的十八大以来，在以习近平同志为核心的党中央的高度重视下，志愿服务逐步纳入全面深化改革大局，上升为国家战略，国家出台了一系列志愿服务相关文件推进志愿服务的发展。党的十九大报告明确提出"推进诚信建设和志愿服务制度化，强化社会责任意识、规则意识、奉献意识"，进一步明确了志愿服务的社会性和制度性要求。2021 年 3 月发布的《中华人民共和国国民经济和社会发展第十四个五年规划和 2035 年远景目标纲要》中提到要积极引导社会力量参与基层治理，要"支持和发展社会工作服务机构和志愿服务组织，壮大志愿服务队伍，搭建更多志愿服务平台，健全志愿服务体系"。志愿服务将继续在我国开启全面建设社会主义现代化国家新征程中发挥重要作用。

　　与此同时，企业志愿服务作为志愿服务的一支重要力量，近年来也受到国家和企业的重视。国家政策鼓励企业参与志愿服务，并为其提供指导和保障，如 2019 年 10 月中共中央宣传部、中央文明办文件《关于新时代文明实践志愿服务机制建设的实施方案》提出要"倡导企业积极履行社会责任，以项目资助、结对帮扶、技术援助、市场对接等方式参与志愿服务"。从汶川地震到脱贫攻坚战再到新冠肺炎疫情防控，我们也看到越来越多的企业以志愿服务的形式参与到灾害救援、残疾人帮扶、扶贫助困、生态环保等领域。

　　企业志愿服务是志愿服务的重要组成部分，具有专业性、组织化等多方面优势，在解决社会问题、弘扬志愿精神、促进企业可持续发展、实现个体成员价值等多方面发挥着重要作用。从社会层面看，一是企业志愿服务可以通过提供经济、技术、人力、文化等支持，参与社会治理，履行企业社会责任；二是企业志愿服务能够推进社会志愿服务，鼓励更多的人参与到服务社会的行列中，传播社会正能量。从企业层面看，企业志愿服务是社区参与和发展的重要途径，有助于企业提升品牌形象，促进企业可持续发展，同时企业志愿服务能够提升员工认同感、营造良好的企业文化氛围、增强企业内部团队凝聚力和归属感。从员工层面看，企业志愿服务有助于员工实现个人价值，让员工在参与志愿服务的过程中丰富人生阅历、提升个人领导力、提高工作技能等。

企业志愿服务是企业社会责任的重要组成部分，是企业履行公民责任的一种重要方式，无论对于社会问题的解决还是企业自身持续性发展，都有着举足轻重的作用。尽管如此，企业志愿服务的发展仍存在一些困难，如部分企业没有将志愿服务纳入企业社会责任战略中，企业志愿服务与企业文化和企业产品不匹配，企业志愿服务的开展缺乏体系性，企业志愿服务的成效不明显，员工参与企业志愿服务的体验感不佳导致员工参与的主动性和积极性不高，等等。

基于此，《企业志愿文化：可持续发展软实力》一书可为有志于推动企业志愿服务文化建设的各界朋友提供全面的指导。此书从企业文化的角度解读了志愿服务对于企业的意义，从理论、操作流程、案例三个层面系统解释了如何构建企业志愿服务文化，从企业志愿服务项目建设、队伍搭建、机制建设、管理流程和资源整合等多个层面指导企业系统开展企业志愿服务、建设企业志愿服务文化。

正如书中提到的，企业志愿服务旨在创造一个更美好的社会，望此书能启发更多的企业加入创造美好社会、美好世界、美好未来的行列。

王忠平

和众泽益志愿服务中心创始人、主任

2021 年 9 月 19 日

前言

本书首先是写给打算或正在从事志愿服务的企业家和从事企业志愿服务的管理者，当然也包括与企业在志愿服务领域有合作项目的公益机构；其次是写给想调动企业志愿服务资源的相关政府部门，如乡村振兴局、团委、文明办、不同的志愿服务学院、有政府背景的志愿者协会、街道办事处等。

本书的优势在于作者本人有 20 多年极其丰富的志愿服务经历和管理经验、1 年的非洲志愿服务经历、4 年国际非政府组织（non-governmental organizations，NGO）的志愿服务项目管理经验、14 年的跨国公司英特尔志愿服务和企业社会责任从业经验、3 年多企业志愿服务研究和咨询经验。

本书参考了大量国内外文献，结合了外企、国企和民企的实践案例，具有实操性，有利于落地。其中，外企有戴尔科技、德州仪器（TI）；民企有天齐锂业、迈克生物、享宇科技；国企有三峡集团、国家电网。作者 20 多年的志愿服务管理经验，也在这些提供案例的企业里得到了验证。

本书有幸邀请到这些企业从事志愿服务的管理者，他们对书中内容不仅认可，而且还提供了大量案例。他们分别是：天齐锂业 ESG 总监王卫娜和社会责任主管郑珺旵，迈克生物行政管理部经理、工会主席李端，德州仪器半导体制造（成都）有限公司企业公关传播部沟通传播经理马卓燕，戴尔科技集团成都研发中心 CSR 负责人王红英，三峡集团移民工作办公室的曹凌燕，国家电网的刘杰和吴昊，互联极简联合创始人兼 CTO 马力遥。

本书共分为三部分。

第一部分：第 1—3 章，属于理论部分，解决"企业为什么要开展志愿服务"的问题，介绍志愿服务以及企业志愿服务的发展历史、企业社会责任与企业志愿服务的关系、企业志愿服务文化的重要性。

第二部分：第 4—16 章，属于实践部分。

第 4 章指出志愿服务 DNA 需要管理层从企业的愿景、使命和核心价值观植入；第 5—6 章指导企业组建一个小组对当前企业志愿服务状况做一个摸底调研，在此过程中形成《企业志愿服务手册》；接着开始结合公司战略设计志愿服务项目及涉及领域，这部分将在第 7 章做详细阐述；因为志愿服务所涉及的社会问题是比较复杂的，所以，第 8 章将引导企业分析自己的利益相关方，建立企业志愿服务顾问委员会。

当前面的基础工作完成后，便是形成企业志愿服务文化。为此，必须拥有企业志愿者团队，否则很难推行和执行。书中第 9—10 章用了简单的工具让志愿者团队成员能够了解自己的领导风格，以及在一个团队中志愿服务的角色和责任应该如何界定。关于这些在书中都一一给出了实践内容。

因为企业志愿者不能长期地跟进社会问题，所以需要与在一线的公益机构合作。为此，第 11 章讲述了企业如何与公益机构合作。

我们很多企业的志愿服务只是活动，而不是项目，在第 12 章用了雷达工具教大家怎样从企业的维度去评估志愿服务项目，以便项目可持续发展。

志愿服务文化要建立起来，离不开激励。在第 13 章读者将会看到怎样从物质、精神和制度这几个方面做好激励，从而保持志愿服务的活力。

很多企业常常希望参加其他机构组织的活动，这些是不够的，因为志愿服务很难生根。所以，作者根据实践的经验，在第14章提出了志愿服务种子基金概念，鼓励员工根据自己的兴趣结合公司政策，与公益机构一起设计、申请、执行志愿服务项目。

志愿服务一旦形成文化，就意味着公司至少50%的人在当年都会提供至少1次志愿服务，那志愿服务数据管理必然需要智能化。所以，在第15章介绍了如何进行志愿服务的智能管理（包括智能报名、智能签到、智能评估、智能看板、智能分享等）。

所有文化都离不开传播，志愿服务尤其如此。第16章从标语、内容、图像和实物这些方面介绍如何做好志愿服务文化传播。

第三部分：第17—19章，属于志愿服务文化的可持续发展和创新部分。

第17章用"小志"和"大志"两个虚拟的人物对前面16章内容做了回顾，以便加深读者印象。在第18章提出了跨界合作、协同创新志愿服务，企业在商业领域可能是竞争关系，但是在社会问题解决上，应当携手联合。第19章强调了志愿服务不只是好人好事那么简单，而是要有很强的使命感，即推动社会和经济的发展。

桂浩

2021年9月1日

目录

1 企业志愿服务发展概况

1.1 国外志愿服务发展历史

志愿服务的理念植根于人类社会的传统之中，虽然在不同的文化中有不同的称呼，但都源于古老而久远的分享和互惠传统（曹志成，2018）。

国外志愿服务的发展主要分为三个时期：初现萌芽时期、现代志愿服务的兴起时期和蓬勃发展时期。

初现萌芽时期

志愿服务拥有悠久的历史，它最早可以追溯到古罗马或更早时期的宗教慈善性活动。早在古罗马时期，马尔库斯·图里乌斯·西塞罗就认为："好心为迷路者带路的人，就像用自己的火把点燃别人的火把，他的火把不会因为点亮了朋友的火把而变得昏暗。"这些描述在今天看来，依然闪烁着人性的光辉（北邮思修，2012）。

1601 年，英国颁布了《伊丽莎白济贫法》。该法案是国际上第一部关于社会救济和社会福利的法规，为英格兰和威尔士两地救济穷人提供了最初的政策指导（涂敏霞，2019）。

现代志愿服务的兴起时期

现代意义上的志愿服务最先出现在 19 世纪初的西方国家，宗教性的慈善服务是其活动的起源，早期的志愿服务人员随之产生。这一时期，英国成立了"慈善组织会社"，同时新教徒们远赴北美新大陆时互相帮助、克服困难的精神成为美国志愿服务精神的渊源，传承至今（宫俊卿，2010）。

国际红十字运动的创始人亨利·杜南在1862年出版的《索尔费里诺回忆录》中首次提出"志愿者"一词。1863年2月9日，他成立"伤兵救护国际委员会"，1880年改名为"红十字国际委员会"。它是世界上最早成立的红十字组织，也是瑞士的一个民间团体（红十字国际委员会）。

1869年，英国牧师亨利·索利在伦敦成立慈善组织会社（charity organization society，COS），致力于协调政府和民间慈善组织的活动（涂敏霞，2019）。

蓬勃发展时期

19世纪末20世纪初，为解决工业化带来的社会问题，西方各国先后推出了社会福利方面的法案。志愿者在法案实施过程中发挥了重要的作用，其影响力也在不断扩大。

1970年联合国大会通过决议组建联合国志愿人员组织（United Nations Volunteers，UNV），专门从事和管理与志愿者事业相关的各类事务，大大推动了志愿服务在全球的发展。

20世纪90年代迎来了世界性志愿服务立法的高潮。1989年美国制定了《国内志愿服务修正法》；1990年美国制定了《国家与社会服务法》；1993年美国总统克林顿签署了《国家与社区服务法案》，鼓励青少年服务社会；1997年美国制定了《志愿者保护法》。从最初的政策提议，到民众实践，再到逐步制度化和专业化，国际志愿服务逐步完善、不断发展（涂敏霞，2019）。

在欧美等发达国家，由于其志愿服务起步较早，社会工作理论体系相对成熟，在志愿服务的立法、意识教育、志愿者招募管理、活动经费的筹措、国际合作等方面都取得了一定的研究成果。如丹麦和法国对志愿服务活动进行立法，使它成为公民应尽的义务和责任；新加坡和韩国非常重视青少年的志愿服务意识教育，将参加志愿服务活动作为升学的一个重要条件；日本建立了奖励机制，优先为志愿服务者安排工作（宫俊卿，2010）。

1.2　国内志愿服务发展历史

中国的社会建设事业需要志愿服务。志愿服务是以自觉自愿和不计报酬的方式参与社会生活、促进社会进步、推动社会事业发展（宫俊卿，2010）。中国志愿服务的发展主要分为三个阶段：初现萌芽时期、现代志愿服务的兴起时期和蓬勃发展时期。下面将对这三个阶段的主要事件进行详细的阐述。

初现萌芽时期

就国内来看，严格意义上的志愿服务要落后于西方国家。尽管如此，中国自古以来就有互助、友善、关爱老幼病残等优良的美德和传统。

志愿服务蕴含着深厚的"人文"思想和对社会"和谐"的追求，这一精神实质与中国传统文化一脉相承。如儒家关于"仁爱""义利"的思想、墨家关于"兼爱""非攻"的学说，就是这种精神实质的典型代表。

现代志愿服务的兴起时期

20 世纪初，现代意义上的志愿服务传入中国。其中，20 世纪 20 年代兴起的乡村教育运动是典型代表，如以晏阳初为代表的中华平民教育促进会的成立（曹志成，2018）。

20 世纪 80 年代至 21 世纪初，随着社会主义市场经济的不断深化发展，伴随着经济领域的改革，我国社会生活领域等各方面都发生着日新月异的变化。适应社会领域的新变化，我国志愿服务的组织最早以社区志愿服务为形式。随后，青年志愿者服务组织以燎原之势在全国迅速发展，构成了我国志愿服务起源最早的两大组织之一（宫俊卿，2010）。

1987 年，广东成为中国自发性志愿服务的发源地，几个青年人创办了志愿服务热线"中学生心声"。

1989 年，天津市和平区新兴街道成立了困难家庭"一对一"互助组，进行义务包户帮助，这是全国第一个社区服务志愿者组织的雏形。

1990 年，"深圳市青少年义务社会工作者联合会"成为中国第一个正式注册的志愿服务社团。

1993 年 12 月，团中央召开十三届二中全会，决定实施跨世纪青年文明工程。青年志愿行动作为其中一项内容，率先在全国范围内大规模实施。

1993 年 12 月 19 日，按照团中央统一部署，2 万多名铁路青年率先举起了"青年志愿者"的旗帜，在京广铁路沿线开展为旅客送温暖志愿服务，青年志愿者行动在全国启动。

1994 年 12 月 5 日国际志愿者日，中国青年志愿者协会成立大会在人民大会堂举行，胡锦涛同志向大会发来贺信，荣毅仁同志出席大会并讲话。

1996 年，青年志愿者行动第一个长期项目——中国青年志愿者扶贫接力计划，从城市招募志愿者到贫困地区服务 1 年。志愿服务开始由活动型向项目型转变。

1999 年，中国第一部关于志愿服务的条例——《广东省青年志愿服务条例》颁布实施（曹志成，2018）。

蓬勃发展时期

进入 21 世纪以来，中国志愿服务迅猛发展。2008 年的汶川地震救灾和北京奥运会志愿服务分别从民间组织和大型赛事两个维度大力推动了我国志愿服务的发展。因此，部分学者认为 2008 年是中国志愿服务的元年，是社会大众广泛参与志愿服务的开端（涂敏霞，2019）。

党的十八大以来，在以习近平同志为核心的党中央的高度重视下，志愿服务逐步纳入全面深化改革大局，上升为国家战略。国家出台了许多志愿服务相关文件，为企业志愿服务事业的发展提供了进一步的指导和保障（涂敏霞，2019）。

2016 年 9 月 1 日，《中华人民共和国慈善法》正式施行。中华民族乐善好施、守望相助的优良传统在法律的规范与保障下发扬光大。

2017 年 12 月 1 日，《志愿服务条例》正式实施。这是为了保障志愿者、志愿服务组织、志愿服务对象的合法权益，鼓励和规范志愿服务，发展志愿服务事业，培育和践行社会主义核心价值观，促进社会文明进步而制定的法规。

2019 年 7 月，中国志愿服务联合会第二届会员代表大会在北京召开。在会议召开之际，习近平总书记指出，志愿服务是社会文明进步的重要标志。他还强调，各级党委和政府要为志愿服务搭建更多平台，推进志愿服务制度化、常态化。这次会议还表决通过了《中国志愿服务联合会章程》《中国志愿服务联合会第一届理事会工作报告》和《中国志愿服务联合会第一届理事会财务报告》，为中国志愿服务的制度建设提供了更多保障。

2019 年 8 月，民政部根据习近平总书记在中国志愿服务联合会第二届会员代表大会上的指示，再次深入地学习了志愿服务精神在新时代的重要性，在推动志愿服务展现新作为、推动志愿服务制度化、推动志愿服务常态化三个方面助力中国志愿服务的发展。

2020 年 11 月 3 日，《中共中央关于制定国民经济和社会发展第十四个五年规划和二〇三五年远景目标的建议》（以下简称《建议》）对外公布。《建议》提出：发挥群团组织和社会组织在社会治理中的作用，畅通和规范市场主体、新社会阶层、社会工作者和志愿者等参与社会治理的途径。此外，社会组织、社会工作者、志愿者等在社会治理中的作用，在抗击新冠肺炎疫情的过程中得到了充分的体现。据民政部的数据，截至 2020 年 4 月 23 日，全国各级慈善组织、红十字会接收社会各界的捐赠资金约 419.94 亿元、捐赠物资约 10.94 亿件；累计拨付捐赠资金约 345.19 亿元，拨付捐赠物资约 10.49 亿件。互联网捐赠超过 4 200 万人次。全国有 20 多万名社会工作者投身到疫情防控工作中提供服务，开通社会工作心理服务热线近 4 000 条，热线累计服务 200 余万人次。全国各地开展的疫情防控志愿服务项目超过 29.8 万个，参与疫情防控的注册志愿者达 584 万人，记录志愿服务时间达 1.97 亿小时。

1.3 企业志愿服务的现状与趋势

世界企业志愿服务

虽然志愿服务的概念已经存在了几个世纪，但最早提出企业志愿服务概念的时间是 1986 年。伯克等人（2017）提到了员工参与公司赞助的志愿活动，并给出了企业志愿服务（corporate volunteering）这一概念。

20 世纪 80 年代，全球出现了"结社革命"，世界各地涌现出大量的民间非营利组织。志愿服务成为联系政府、市场和社会三元结构的有效载体，企业也纷纷认识到志愿服务在履行企业社会责任中的重要作用，开展志愿服务逐渐成为企业社会责任的行动策略。

2012 年底，第 22 届国际志愿者峰会在伦敦举行，会议以"引领未来，全球志愿者协同合作"为主题，探讨企业志愿服务与非政府组织如何有效合作以解决社会问题。

2015 年联合国发布可持续发展目标（sustainable development goals，SDGs），全球一些领导创新的企业成立了 IMPACT 2030 组织，旨在通过企业志愿服务的方式推动联合国可持续发展目标的实现（涂敏霞，2019）。

中国企业志愿服务

我国于 2001 年 12 月 11 日正式成为世界贸易组织（WTO）成员，这深刻地影响了中国企业对于市场的认识。外资企业大量涌入中国，而中国的企业也接触到了大量的外企文化和管理方法。企业志愿服务也逐渐进入人们的视野。

我国企业志愿服务作为志愿服务领域一支快速增长的力量，受到越来越多的关注和重视。《中华人民共和国慈善法》《志愿服务条例》的相继出台，为企业志愿服务明确了法制化的发展路径，也为其规范管理提供了重要契机，企业志愿服务将出现新的发展机遇，也将呈现出新的特征和新的趋势（涂敏霞，2019）。

2011 年 12 月，国务院国资委成立了中央青年志愿者协会，各省区市国资委、各中央企业、省区市属国有企业也根据实际情况成立了相应的志愿者组织。大量的企业志愿者组织的建立，为企业志愿服务开展提供了坚实的阵地（涂敏霞，2019）。

2013 年，中共十八届三中全会提出要"激发社会组织活力。正确处理政府和社会关系，加快实施政社分开，推进社会组织明确权责、依法自治、发挥作用。适合由社会组织提供的公共服务和解决的事项，交由社会组织承担。支持和发展志愿服务组织"。这是国家层面首次提出"志愿服务组织"的概念，并将志愿服务组织作为激发社会活力、加快政社分开的重要举措（王忠平 等，2017）。

2015 年联合国发布可持续发展目标，而中国也是率先全面启动联合国 17 个"可持续发展目标"公众意识推广活动的国家，中国企业志愿服务成为其中的主力，发挥着重要的作用（王忠平 等，2017）。

2 企业志愿服务文化定义与重要性

2.1 文化与企业文化的定义

文化是相对于政治、经济而言的人类全部精神活动及其活动产品。

文化具有广义和狭义之分。广义的文化是指精神文化和物质文化的总和，而狭义的文化是指社会意识形态和与之相适应的礼仪制度、组织结构、行为方式等物化精神（孙继荣，2018）。

企业文化的定义是多种多样的。其中一种观点认为，文化代表了组织成员之间不言而喻的交流代码，它是组织中的一种惯例，有助于协调员工的各种行为。还有一种观点认为，企业文化是一套规范的价值观，在组织中被广泛共享。甚至还有观点认为，文化起的作用是一种"社会控制"，如果我们和同事、上司有共同的期望，那么无论何时、无论做什么事，我们都在其控制之下（Guiso et al.，2015）。

2.2 企业文化的构成及类型

2.2.1 企业文化的构成

按照由浅到深的层次，企业文化可分为物质文化、制度文化和精神文化三个层次。

第一，物质文化，即企业的标志、生存环境和产品品质等，从外观特色体现出企业独有的文化。

第二，制度文化，即企业的规章制度和行为准则等，是将意识形态转化成实体文化的载体。

第三，精神文化，即企业的愿景、使命和价值观，精神层面的组织文化是企业文化的核心。

2.2.2　企业文化的类型

根据对公司发挥作用的程度，企业文化的类型分为强文化和弱文化。强文化是指公司的核心价值观得到了员工广泛的认同，同时也对员工的行为产生了巨大的影响，公司的文化对员工的行为产生了一种"约束氛围"；而弱文化是指公司的核心价值没有被广泛地认同。

根据是否可以被观察到，公司的文化还可以分为隐性文化和显性文化。隐性文化表现为精神活动，除了组织的使命、愿景和价值观，还包括员工的习惯和行为的潜规则；显性文化是文化的内容，表现为制度、流程和指标物等（孙继荣，2018）。

2.3　企业志愿服务文化的定义

2.3.1　企业志愿服务文化定义依据

定义企业志愿服务文化首先要从企业文化入手。前面讲到，企业文化是由物质文化、制度文化和精神文化三个层次构成。企业志愿服务文化系企业文化的组成部分，同时也影响着企业文化的形成和转变。因此，在定义企业志愿服务文化的时候是脱离不了物质文化、制度文化和精神文化三个层次的。

2.3.2　企业志愿服务文化的具体定义及从不同层次的理解

企业志愿服务文化是指企业根据志愿服务管理体系，组织或鼓励员工利用时间、资源、技能等为社区提供非营利、无偿、非商业的福利性服务，并以志愿服务活动为载体，将企业的愿景、使命、价值观融入其中而形成的影响员工意志行为的集体文化。

从物质文化角度来讲，企业在开展志愿服务活动的时候，可以设计并制作代表企业文化和形象的视觉标志（logo），包括但不限于旗帜、统一的服装、刊物或文创物品等，使隐性文化有显性的载体，以宣传和传递企业志愿文化价值观。

从制度文化角度来讲，企业需要建立基本的志愿服务管理体系，并形成相应的制度和执行手册，根据志愿服务管理体系开展活动。

从精神文化角度来讲，企业志愿服务文化是与企业整体的愿景、使命和价值观相一致的，企业所组织或鼓励的志愿服务，是对企业文化的贯彻执行或对企业文化的补充。这种文化最终会影响员工的工作态度、意图和方式，无论是在工作场所之内还是在工作之外均是如此。

2.4　企业志愿服务文化的重要性

企业文化具有导向功能、约束功能、凝聚功能和激励功能。而企业志愿服务文化是企业文化的重要组成部分，其对于企业的作用也同样具有相通性。

2.4.1　导向功能

企业志愿服务文化可以形成或优化企业的信念和价值观，而企业的价值观决定着企业的发展方向，由此可以形成全体员工的共同奋斗目标。

企业志愿服务文化首先需要鼓励员工积极参与，从而引导企业志愿服务达成更宏伟的社会目标，最终促成企业积极地承担其社会责任。

举例来讲，英特尔在成立40周年之际，其CEO号召英特尔全球近10万名员工为社会贡献100万小时，这种庆祝方式具有非常强的导向功能，而且有很大的社会目标，向外界展示了企业公民的形象。

再以戴尔为例。戴尔科技集团的目标是创新推动人类进步的科技，而企业志愿服务一大主题即为使用科技让 10 亿人受益，改变生活。戴尔坚信技术能解决人类面临的一些困难。凭借戴尔的技术和规模，戴尔将推进健康、教育和经济发展，为 10 亿人带来持久的成果。

戴尔给非营利组织的捐赠已超过 7 000 万美元，用以激励个人学习，让他们学习实际技能并从事 STEM 事业。中国有很多地区需要社会各界力量的支持来推动信息化教育。作为一家科技企业，戴尔科技集团携手中国青少年发展基金会，通过"希望工程"科技助学专项公益项目，每年向偏远地区小学捐赠"戴尔学习中心"，有效提升学校的信息化教学水平，让更多青少年享受更加优质的教育资源。

我们再看看德州仪器。2016 年，德州仪器中国（简称"TI 中国"）在成立 30 周年之际，鼓励在中国境内的该公司所有员工参与"爱'芯'公益跑"，共同挑战跑步 30 000 千米，并对员工跑出的每一千米匹配相应的金额，向偏远地区学校配套捐赠多媒体教室（含 DLP 投影仪、电子白板等设备及培训），极大地提高了当地的教学水平。后来，该公益跑成为 TI 中国企业志愿文化的一个标志性年度活动。在之后的几年，TI 中国又和 NGO 合作，为经济困难的心脏病患儿进行免费手术，和全国员工一起将爱心传递。

我们不妨再以国家电网为例。国家电网四川电力（成都高新）共产党员服务队成立于 2002 年 4 月 5 日，是成都供电公司成立的 4 支成建制的党员服务队之一，也是国家电网公司系统内第一批党员志愿服务队之一，初建时期以开展户表抢修为原点，逐步扩展服务范围至社区服务、扶危济困、应急抢险。这些工作超出了党员服务队的业务范围，属于志愿服务。

随着党员服务队志愿服务影响力的逐渐扩大，四川电力（成都高新）共产党员服务队于 2011 年 8 月 20 日接受了习近平总书记的视察，习总书记肯定了党员服务队"十年如一日"为民服务的优秀事迹。

在四川电力（成都高新）共产党员服务队的引领下，国网系统先后成立起 4 000 余支党员服务队，倡导成立了覆盖多层级、多行业的志愿服务联盟。至今，越来越多的人加入志愿服务队伍，他们关心群众冷暖，立足为民服务解难题，将国有企业的政治属性、经济属性和社会属性有机结合，进行常态化、制度化服务，不断增强人民群众对党的信任。

2.4.2　约束功能

企业志愿服务文化有利于企业员工通过关爱和关心他人及其利益，形成情感纽带，约束或阻止对集体或他人不利的行为。

从员工的角度来说，企业志愿服务文化可以约束或阻止企业员工有违志愿服务精神的不道德行为。

从企业角度来说，企业志愿服务文化可以约束企业做出危害社会和环境的行为。

以天齐锂业为例。天齐锂业志愿服务品牌项目——"我的锂想环境季"主题志愿服务提倡员工志愿者重视生物多样性保护，并在服务项目执行过程中约束员工的志愿行为，对周边的生物环境进行"不打扰观察"，并提出"不留下一片垃圾"等倡议，逐步培养志愿者负责任的志愿服务精神。

再以德州仪器为例。德州仪器作为全球最大的半导体公司之一，其理想是致力于通过半导体技术让电子产品更经济实用，创造一个更美好的世界。首先，这样的理想将引导公司科学经营其业务，这是一家公司公民身份的基础。这些理想汇聚成一个核心理念，即为了让所有利益相关者都受益，公司必须发展壮大。其次，德州仪器企业公民身份的承诺直接关系到他们的理想，即通过半导体技术让电子产品更经济实用。这就要求半导体在帮助减少电子产品对环境的影响方面发挥并将继续发挥关键作用：他们的产品通过使电机更智能来降低能源消耗，还帮助新能源车实现充电从而使其更加环保，并通过感知水和气体泄漏来保护自然资源，借助半导体创造更美好世界的方法越来越多。而在运营的过程中，德州仪器也将其环保、安全和健康纳入其重要的运营指标，确保其全球各地的运营和生产不对环境产生任何不良影响。这一方针也会贯彻到其筛选供应商的过程之中。

2.4.3 凝聚功能

企业志愿服务文化通过企业志愿服务形成员工共同的理念，而这种理念是一种无形的聚合力，把员工更紧密地联合在一起。相互间强烈的认同感使得员工在思想、行为、目标和手段上高度一致。并且，这种凝聚作用是建立在员工自觉认知的基础之上的，因此更加牢固和持久。

员工与员工的关系体现在团队的建设上。

员工与部门或企业的关系体现在员工的归属感上。

以戴尔为例。戴尔科技的各种员工志愿小组使得具有相同兴趣和背景的员工聚集在一起，营造包容的环境，增强了团队的凝聚力。研究表明，员工志愿小组中参与 6 次活动以上的员工的满意度比没有参与志愿小组的员工的满意度高 31%。

再以天齐锂业为例。天齐锂业志愿服务品牌项目——"我的锂想教育季"主题志愿服务活动每年都在茂县举办，员工志愿者在了解到山区儿童的教育失衡后，主动提出要将孩子们的心愿带回城市，累计实现儿童心愿 60 个。100 余人次参与"心愿树"活动，员工认同感、企业归属感大大增强。

我们再看看德州仪器。在 2020 年抗击新冠肺炎疫情过程中，德州仪器以在线小程序的方式，鼓励员工持续关注环保，绿色低碳，并利用在线的方式让中国员工为全球各地其他仍在抗疫的同事加油鼓劲，这种有组织、有互动并将正能量传递到全球的方式，大大拉近了员工之间的距离。

2.4.4 激励功能

企业志愿服务形成的文化是一种群体意识，可以培养员工积极地为集体和社会做贡献的主动精神。

从员工个人角度来讲，企业志愿服务文化有利于自我激励、提升员工的业务能力和技能水平、增强与社会的联系。

从员工与他人的角度来讲，企业志愿服务文化有利于激励员工更好地服务他人、提升企业的形象。

从企业角度来讲，企业志愿服务文化有利于激励企业创新、激励企业商业向善。

以戴尔为例。戴尔科技集团的员工致力于回馈社区，并为作为这样的大家庭的一员感到自豪。2019 年，戴尔员工贡献了 890 000 志愿服务小时，自 2013 年已累计贡献超过 500 万志愿服务小时。

再以天齐锂业为例。天齐锂业志愿者团队张家港分队有位志愿者通过多次参加企业志愿服务，形成了较强的自我激励意识，同时在内部形成志愿服务氛围，还积极推动并组织本分部同事参与公司以外的志愿服务活动——"一个鸡蛋的暴走"，为儿童领域公益项目筹款。

我们再看看迈克生物。迈克生物会定期举办不同主题的健康跑活动，激励员工更关注社会，增强与社会的联系。例如，通过防性侵健康跑活动，让员工关注社会焦点问题，关爱弱势群体；通过公筷益走活动，让员工增强环保、健康、节约理念。

接下来以德州仪器为例。德州仪器成立公益项目组以后，通过新闻宣传和活动安排等方式，大大增强了员工对志愿服务理念的认可。有的员工会加入公司外的 NGO 或者自发地参与活动，将自己的志愿服务小时数报告给公司，这些数据汇总后呈现在德州仪器在全球发表的企业社会责任报告中。在此过程中，员工认为他们回馈社会的价值观得到了极大的认可，并更加愿意持续投入其中。

3 企业志愿服务与企业社会责任

3.1 社会责任定义

在国际标准化组织发布的社会责任指南——ISO 26000 中，社会责任（social responsibility）被定义为"组织通过透明和合乎道德的行为，为其决策和活动对社会和环境造成的影响而承担的责任"。这些行为包括：①促进可持续发展，关注安全健康和福利，其中包括社会福利；②充分考虑各利益相关者的利益；③尊重法律法规并与国际行为规范保持一致；④全面履行社会责任，并监督组织影响范围内其他组织的社会责任行为（黎友焕 等，2011）。

3.2 企业社会责任定义

企业社会责任（corporate social responsibility，CSR）是企业在创造利润、保护股东权益的同时，主动承担起对员工、消费者、环境和社区的责任，具体行为包括遵纪守法、保护员工的各方面合法权益、保护环境、支持慈善事业、促进公益事业等，它是基于经济责任与法律责任的企业伦理责任与慈善责任（周勇，2004）。

一般而言，企业社会责任涵盖企业与产品的责任、企业与员工的责任、企业与消费者的责任、企业与自己上下游供应链的责任、企业与社区的责任、企业与媒体的责任、企业的伦理道德责任、企业与环境的责任、企业与社会的责任等。

在众多理论基础上，结合 ISO 26000 定义，笔者对"企业社会责任"的定义做了创新。一句话来说，企业社会责任，是企业需要根据自身的核心业务，与利益相关者一起，把一切负面的东西最小化，把一切正面的东西最大化，而不仅仅是利润最大化，这样，我们才能共创美好社会，做负责任的企业公民。

在企业承担社会责任的实践中，战略、防守和亲社会的理由等均是企业选择负有责任的行动的理由。推动企业承担社会责任的原因，一方面是企业生存、竞争定位、扩张、利润或权力的需要，另一方面是解决社会问题的需要，因为企业是社会的一部分，也需要成为解决方案的一部分。

3.3　企业社会责任的发展

企业社会责任的兴起与发展，是生产力发展到一定阶段的产物。

虽然资本主义私有制在西方社会根深蒂固，但欧美等发达国家开始意识到市场经济发展的种种缺陷，亟须借助市场、政府之外的力量，进一步解决部分失灵的社会问题。此时具有道德约束和法律效力双重属性的企业社会责任便日益凸显，从企业主的个人道德行为到企业家的慈善行为，再到企业的各种生产守则、准则、契约、协议以及标准的制定，无不如此。企业社会责任逐渐成为企业可持续发展的重要内容。这既是我国经济社会发展的必然要求，也是经济全球化对我国社会领域直接影响的结果。

3.3.1　企业社会责任在国外的发展

美国学者谢尔顿（Oliver Sheldon）于 1924 年在其著作 *The Philosophy of Management* 中首次提出"企业社会责任"的概念。他认为，企业社会责任应该包含道德因素，要把企业社会责任与企业经营者满足各种需要有机联系起来。

1953 年，"企业社会责任之父"伯文（Howard R. Bowen）出版了《商人的社会责任》一书，使企业社会责任正式走进人们的视野，并将"社区关系"纳入企业社会责任框架，开启了现代企业社会责任的辩论。

20 世纪 50 年代开始，学者们从宏观和微观的角度将企业和社会的关系归纳为两个层次。宏观即企业与政府之间的关系，微观即企业与企业之间、企业与利益相关者之间的关系。同时，企业社会责任由最初对劳工的安全保护，也逐步向其他利益相关者扩展。

1963 年，美国斯坦福研究所首次提出"利益相关者"（stakeholder）的概念，认为任何企业的生存和发展都离不开各种利益相关者的投入或参与，企业的经营决策必须考虑他们的利益，并给予相应的报酬和补偿。

1979 年，卡罗尔（Archie B. Carroll）提出"企业社会责任四成分"说，即企业社会责任包括企业经济责任、法律责任、伦理责任与自愿责任；而到 1991 年，卡罗尔将自愿责任进一步具体化为慈善责任，并指出企业社会责任是具有层次性的。

施瓦茨（M. S. Schwartz）和卡罗尔认为企业社会责任在经济、法律和伦理之间有相互重叠和冲突的地方，将伦理责任和慈善责任合并为伦理责任，使得企业社会责任的结构维度变为经济、法律和伦理责任三个维度。

20 世纪 80 年代，随着"绿色生产""可持续发展"等理念的广泛传播以及各国政府和组织相关法律法规及各种相关标准的颁布，越来越多的企业将其经营理念从"以营利为目的"转变为"以达成多元化目标为目的"，可持续发展成为企业社会责任的重要目标，并纳入企业战略范畴。

20 世纪 90 年代，美国的企业社会责任范畴逐步摆脱了原先较为狭隘的直接利益相关者的限制，逐步跨向间接的利益相关者，即整个社会的范围。如环境保护、其他国家的可持续发展、商业往来的道德、地方社区福利、员工志愿服务及慈善事业等。

2001 年欧盟委员会向欧洲议会提交了"欧洲企业社会责任框架绿皮书"，正式引入了"企业社会责任"的概念，将其定义为企业的一种概念，"自愿把社会和环境影响整合到商业运作和利益相关者的交互中"，实现可持续发展（孙继荣，2013）。

2003 年，日本企业社会责任工作开始走向成熟。在组织架构上很多企业开始设立专门负责企业社会责任的机构，把原本分布于企业各个部门的一些慈善捐赠和公益活动进行整合，实行统一的规划和管理（孙继荣，2013）。

3.3.2 企业社会责任在中国的发展

中国历史上关于慈善、责任、道德、诚信、社会治理等的思想一直潜移默化地影响着人们的思维方式和行为。儒家创立了以"仁者爱人"为核心的人本主义思想体系，提出"君轻民重"的思想；道家提出了"天道无亲，常与善人"的理念；佛家秉持"慈悲为怀"的处事价值等——均体现了中国自古以来对社会责任的解读和重视。

20 世纪 90 年代，随着我国经济体制改革的不断深化，市场力量得以释放，在国内企业与跨国企业交流过程中，企业社会责任意识逐渐传入中国。

进入 21 世纪以来，企业社会责任意识在中国兴起，国内学术界开始把西方学者关于企业社会责任的研究的主流框架引入中国，特别是以利益相关者理论为基础，从本质上来探讨企业为什么要承担社会责任、对谁承担社会责任和如何承担社会责任的问题。到了 2005 年，许多中国企业已经认识到企业是一种人格化的组织，是利益相关者显性契约和隐性契约的综合载体，它能够且必须对其经营活动所处的社会系统的要求做出恰当回应，承担相应的社会责任是其应尽义务。

2008 年 1 月国务院国资委发布《关于中央企业履行社会责任的指导意见》，2009 年对中央企业社会责任工作提出八个方面的具体要求，并于 2012 年 6 月成立了中央企业社会责任指导委员会，进一步推动以中央企业领头的企业社会责任履行。

国内知名学者黎友焕（2007）把企业社会责任界定为：在某个特定

社会发展时期，企业对其利益相关者应该承担的经济、法规、伦理、自愿性慈善以及其他相关责任。该定义被国内外理论界称为"黎友焕企业社会责任三层次模型"——第一层为经济责任和法规责任，第二层为伦理责任和自愿性慈善责任，第三层为"其他相关责任"。

此阶段国内学术界对于企业社会责任概念也有相关探讨，认为企业对于社会的责任包括基础责任和外部责任。基础责任立足于企业本身的良好发展；外部责任是在基础责任上连带产生的，这种社会责任包括雇员职工利益、消费者利益、债权人利益、小竞争者利益、当地社区利益、环境利益、社会弱者利益及整个社会公共利益等内容。

吴磊、邓颖颖在 2014 年依据我国 A 股上市公司年报，研究了企业承担社会责任对可持续发展的影响情况。他们从多方位的财务数据衡量企业的综合发展能力，并对企业在主要利益相关者层面的财务数据进行回归分析。他们通过研究得出结论：企业承担社会责任有助于提升企业绩效，继而在长期经营中克服运营成本增长带来的压力，达到可持续发展的目的。

3.4　企业志愿服务与企业社会责任的关系

志愿服务是企业履行企业社会责任的一个重要方式以及有效路径，是企业社会责任的重要组成部分。通过开展企业志愿服务活动，企业与其所面向的组织机构和社会公众之间将建立起一种和谐真诚的相互关系，能够提升产品、服务、品牌形象，并促进企业吸引和保留有满意感且受到激励的员工。企业志愿服务将社会、经济和环境主体与员工的热情同企业经营的需要相匹配从而实现多赢。

目前大多数企业的企业社会责任活动主要包括公益事业宣传、公益事业关联营销、企业的社会营销、企业慈善活动、企业志愿服务活动以及对企业负责的商业实践等。针对企业慈善的现状，更好的解决方式便是员工亲自参与企业志愿服务活动。唯有企业动员员工亲自参加志愿服务活动，员工以志愿者身份成为与受助者接触互动的主体，并持续向受助者投入精力、时间、知识和情感（如同情和关爱等）才是帮助受助者建立积极心态并提高其生存能力的有效途径（Wen Yang，2013）。

美国佐治亚大学教授卡罗尔（1979）指出，企业社会责任是指在给定的时间内社会对组织所具有的经济、法律、伦理、慈善方面的期望的总和。从其金字塔模型可以看出，企业社会责任的塔基是企业的经济责任，其次是法律责任，再次是伦理责任，塔尖才是慈善责任。慈善责任是一个企业拥有较高的责任承担能力后对社会及国家的奉献。

国内学者陈迅、韩亚琴（2005）认为企业应承担的社会责任包括基本、中级和高级三个层次：基本企业社会责任，包括对股东、员工负责；中级企业社会责任，包括对消费者负责、服从政府领导；高级企业社会责任，包括搞好社区关系、保护环境。

程鹏璠和张勇（2009）从企业利益相关者视角出发，对企业社会责任做出了基础责任和外部责任的两大分类。

但有学者进一步将企业对社会的责任分为基本层社会责任和高级层社会责任。基本层社会责任是指企业在经营过程中遵守法律法规、尽量减少对环境和社会的负面影响；高级层社会责任是指企业向社会提供优质廉价的公共服务或通过捐赠和参加慈善活动参与社会问题的解决，如帮助教育、帮助贫困地区发展、支持体育与卫生事业、参与灾难救助、开展社区发展项目等（高尚全，2005；郭沛源，于永达，2006；赵曙明，2009）。

尽管这些学者表述存在差异，但大多数都认为组织在追求利润的同时，应最大限度地维护和增进利益相关者的利益。因此，相较于简单、直接的捐赠等低阶公益模式，企业志愿服务因能够创造价值而与捐赠有所区别，属于以高层次的公益形式来实现的企业社会责任。

4 企业志愿服务文化治理：
企业愿景、使命、价值观

企业愿景回答"我们想成为什么"，企业使命回答"我们要做什么"，企业价值观则是企业的精神信仰和道德底线。企业愿景、使命、价值观是企业文化的基石，在形成企业志愿服务文化、制定企业志愿服务战略、开展志愿服务活动时，应考虑企业志愿服务与企业愿景、使命、价值观的内在联系。企业志愿服务文化应融入企业文化，志愿服务活动应是企业愿景、使命、价值观的呈现，从而推动企业志愿服务的可持续发展。本章通过企业不同的案例，探讨企业愿景、使命、价值观与企业志愿服务的相互影响。

4.1 企业愿景、使命、价值观

4.1.1 企业愿景

企业愿景指根据企业现阶段经营与管理发展的需要，对企业未来发展方向的一种期望、一种预测、一种定位。它回答的是"企业在未来将成为什么样的企业"，也就是企业长期发展的方向、目标、理想、愿望，以及企业自我设定的社会责任和义务，明确指出公司在未来是什么样子。企业愿景由核心理念和对未来的展望共同组成。

核心理念由核心价值观和核心目的构成，未来展望由未来 10~30 年的远大目标和对目标的生动描述构成。企业愿景具有激励性、共同性、时效性、前瞻性等功能，能促使组织的所有部门朝着同一目标、同一方向努力，提升企业价值，增强企业竞争力。

4.1.2　企业使命

企业使命是对企业的经营范围、市场目标等的概括描述。企业使命由用户、对雇员的关心、产品和服务、对公众形象的关切、市场、自我认识、技术、观念、对生存和成长及盈利的关切等要素构成。企业使命具有指明方向、避免目标产生冲突、进行资源分配、促进企业持续发展的基础作用。

使命是愿景的一个方面，使命在愿景中具体说明企业经济活动和行为概念。使命要有驱动力，而驱动力来自愿景。为了达成愿景，需要设定关联性的阶段目标；为了完成各阶段目标，需要拟定策略，具体行动，修正调整，渐进达成。它比企业愿景更具体地说明了企业的性质和发展方向。

4.1.3　企业价值观

企业价值观就是企业在经营过程中努力使全体员工都信奉的信条。价值观是企业哲学的重要组成部分，它是解决企业在发展中如何处理内外矛盾的一系列准则，如企业对市场、对客户、对员工等的看法或态度，它是企业表明企业如何生存的主张。价值观具有"买不来、偷不走、拆不开、带不走"的特点，也就是说它不是从外部学来的，而是内部长期积累起来的东西，它已融入企业的肌体和血液。

4.2　企业愿景、使命、价值观与企业志愿服务

企业愿景是对企业未来成就的期望，它清晰地传达出企业将来要做成什么和成为什么的信息；企业使命是企业的社会抱负和专业责任，体现了企业生存和发展的意义，反映了企业的价值追求；企业价值观是判断是非对错的原则与标准，表达企业要提倡什么。战略目标决定企业短

22

期、中期和长期的目标有哪些。计划活动是企业在一定时间内的活动有哪些。有学者研究指出：公司制定良好的愿景和使命并进行描述有助于公司更好地实施战略（Ireland et al.，1992），也有利于公司取得卓越成效（Bart，1997）。（参见图4-1）

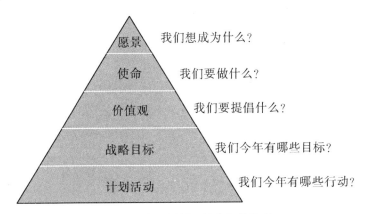

图4-1 企业愿景、使命与价值观

企业志愿服务是一种由企业发起或鼓励员工参与，并最终由企业员工实施，旨在帮助他人的一系列活动。但企业志愿服务也面临着巨大的挑战，员工参与志愿服务的可持续性弱。可持续性弱会严重影响服务项目的开展，并会最终导致服务质量的下滑。增强志愿服务的可持续性不仅可以节省资金投入，还能培养志愿者对其所在企业的认同感，工作效率和服务效果也会得到提高。目前绝大多数的企业志愿服务是由员工发起的，是一种自主行为，企业志愿服务还未成为企业的一种常态，并未与企业的价值相结合，企业志愿服务文化没有经历初期的形成、中期的发展、后期的稳定，也并未成为企业文化的一部分。

志愿服务是一种亲社会行为，理论和实践都验证了企业志愿服务有利于企业的发展。通过企业志愿服务，员工有机会以为他人提供有意义的服务的方式来体现利他价值。企业志愿服务能激励员工更努力工作，能让员工形成积极的工作态度。彼得森（Peter G. Peterson）（2004b）指出，通过提高企业形象和改善公众认知，企业可以从志愿服务项目中获益。全球越来越多的公司将开展志愿服务作为企业社会责任的一种重要形式（Hu et al., 2016）。为了增强企业志愿服务的发展能力，从而促进企业的可持续性发展，企业应将志愿服务上升到战略层面，与企业的愿景、使命、价值观相结合。

企业志愿服务文化应立足于企业的愿景、使命、价值观，有核心理念（愿景、使命、价值观）做基底、支撑与保障，才会具有更强的推动力与执行力，才能推动企业志愿服务文化的建设。

迈克生物依托于工会组织、行政部门建立长效沟通机制，推动员工志愿服务活动，支持社区发展，在健康、环保、教育等领域持续开展志愿服务活动，促进社会和谐发展。

天齐锂业专门成立了社会责任顾问委员会和社会责任部，招聘专业的人员从事企业社会责任管理方面的工作，组织制定社会责任战略规则和管理制度，管理重大社会责任培训，推动社会责任日常管理统一协调，把公益提升到企业发展战略的高度。天齐锂业勇于承担社会责任，热心公益事业，把公益放在企业发展战略的高度来推动。同时，天齐锂业重视企业发展与周边社区的和谐共生，充分利用当地人才，关注人类的生存、健康及教育；倡导员工积极参与公益事业并建立应急机制，以便进行应对各种灾害的紧急人道援助；公司还支持员工积极投身志愿活动，用实际行动回馈社会。

英特尔的志愿服务已成为员工的生活常态，2018 年英特尔成都工厂员工志愿服务参与率约为 70%，平均年度志愿者服务时间大于 2.5 万小时。英特尔员工的志愿服务，已经覆盖到生物多样性保护、职业教育、社区建设的方方面面。不论在员工食堂、工厂，还是在办公室走廊、分类处理的垃圾桶前，英特尔志愿者服务的身影、员工快乐生活的场景——这些随处可见的细节都体现着英特尔对社会责任和可持续发展理念的执着。英特尔（谐音"樱桃"）成都工厂，在樱桃沟种植了 99 棵樱桃树。英特尔成都工厂还成立了"樱桃 ER（儿）"同学会微信群，目前有 459 名成员，大家在群里都会分享关于志愿服务的话题，即使是离开英特尔，部分离职人员也会从事志愿服务的相关工作。志愿服务增强了员工的外延伸。

4.3 案例分享

本小节主要通过对五个公司的愿景、使命和价值观的介绍，加深读者对愿景、使命和价值观对开展志愿服务活动的影响的理解。

4.3.1 英特尔成都

1. 愿景

英特尔成都的愿景是：我们是英特尔的骄傲、家庭的骄傲、社区的骄傲！

英特尔《2018—2019 年度企业社会责任报告》指出：在全球范围，英特尔把履行企业社会责任及推动可持续发展作为其重要使命并长期坚守。

其中志愿服务能够可持续发展并成为文化，是因为英特尔想成为负责任的企业公民，并成为社区的好邻居，否则无法赢得社区的认可、无法达到骄傲自豪的境界。

2. 使命

英特尔成都的使命是：推动持续技术创新，争做强力生产基地。

从 2018 年的使命虽然不能明显看出英特尔志愿服务精神，但是英特尔扎根中国以来，始终坚持以科技创新推动可持续发展，将社会责任融入企业核心战略，同时贯彻于业务的每个环节和员工的日常工作，通过实际行动帮助解决复杂的社会与环境等问题，并取得了显著的进展。

3. 价值观

英特尔成都的价值观是：客户至上、理想的工作环境、以结果为导向、勇于承担风险、质量的保证、严明的纪律。

其中的价值观"理想的工作环境"里包含了一条"Being an asset to

the community worldwide"，意思是在全球都成为社区的资产。为更好地践行这一价值观，英特尔始终鼓励和支持员工积极参与志愿服务活动，在环境保护、科学教育和社区服务领域与政府及社会组织合作为社会服务，使企业持续传达对社会与自然的关爱。2018 年，全球有超过 6.8 万名的英特尔员工志愿者参与社区服务，提供了约 150 万小时的志愿服务时间。同年，8 000 多名英特尔中国志愿者提供了超过 12 万小时的志愿服务，参与率高达 80%，创下了英特尔中国志愿服务的历史新高。

4.3.2　天齐锂业

1. 愿景

天齐锂业的愿景是：成为以锂业为核心的新能源材料产业国际领导者。

2. 使命

天齐锂业的使命是：共创锂想。

共：既是共识、共担、共享、共进，即天齐锂业处理关系的方式，也是面向未来的心态。天齐锂业在发展过程中强调依靠集体智慧，共同努力，以全球资源共同进步，实现自身抱负，共享发展成果，实现企业、员工、社会的有效互动。

创：是创造，是开拓，需要坚持不懈的奋斗与进取精神，也是创新，是追求技术、管理、模式等方面的不断自我革新，"共创"则表明了天齐锂业依靠集体的力量和智慧，共同创造优秀文化。

锂：以"锂业"为主业，对锂行业、锂电新能源材料产业发展前景长期看好，也强调公司对各利益相关方的承诺，未来天齐将在锂业有更好作为。

想：是梦想，是理想，与"锂"结合，公司致力于通过"锂"改善人类生活，以"锂"协同全体天齐人实现自身发展梦想，持续为人类可持续利用能源和生态环境改善做贡献。

3. 价值观

天齐锂业的价值观是：真诚对待利益相关者。

天齐锂业真诚对待利益相关者，包括投资者、员工、客户、供应商、政府机构、社区等，综合考虑各方利益需求，维护与各方的良好关系，力求实现各方利益最大化。

天齐锂业注重企业文化的建设和企业社会责任的履行。公司专门成立社会责任部，系统展开相关工作。2018 年，天齐锂业为精准扶贫项目总共投入 1 200 余万元。在遂宁贫困村落实施健康扶贫"三大工程"。除在遂宁实施的医疗扶贫项目外，还在遂宁参与"万企帮万村"精准扶贫项目，在阿坝羌族藏族自治州黑水县参与支持修建生产便道。2018 年 12 月 5 日，天齐锂业正式成立天齐志愿者团队，分别在茂县、射洪、铜梁和张家港开展志愿服务。

4.3.3　迈克生物

1. 愿景

迈克生物的愿景是：成为全球诊断产业一流企业。

2. 使命

迈克生物的愿景是：科技服务人类健康。

联合国可持续发展目标之一为"良好的健康与福祉"，迈克生物将人类生命健康事业作为企业不断前进的动力和方向，不断倡导人们建立健康的生活方式，同时企业借助科技的力量服务于人类的健康。

3. 价值观

迈克生物始终把"以人为本、以客为尊、以企业为傲、以创新为动力、以团队为信念"的价值观作为行动指南。迈克生物怀揣崇高理想，立足企业愿景，面对市场的变化与需求，逐步形成独具特色的企业价值观并将其融入员工发展和企业运营的全过程。勇于承担社会责任并通过不断的努力去为公益事业提供帮助和服务，在实现企业自我价值的同时赢得社会的尊重。其中"以人为本"这一条涵盖了如下方面：

（1）互相尊重、互相理解、体谅个人与文化差异；

（2）不分阶层和职位，以精诚的态度相互沟通并倾听别人的意见；

（3）确信卓越的品质始自于人；

（4）授予个人职权以发挥他们的能力去服务社会；

（5）企业的环境将支持员工成长和不断学习。

在第（4）条中，迈克生物鼓励员工发挥能力为社会服务，充分实现社会价值。

在公司发展的二十多年期间，迈克生物一直在参与公益事业，包括灾难救助（比如汶川地震、芦山地震、昭通地震、新冠肺炎疫情，向各级医院捐赠相应的医疗设备）、扶贫捐赠（向山区学生捐赠图书、学习用品、衣服等物资）、教育支持（在部分高校和贫困地区设立奖学金）、特殊儿童关爱等。公司于2018年9月9日举行"迈克志愿者项目"揭幕仪式，为员工搭建起了志愿者平台，在履行社会责任和公民义务的同时，每个人都能用有限的力量去帮助更多需要帮助的群体；也能通过丰富多彩的志愿者活动帮助员工减轻工作压力，更好地平衡工作与生活，并实现自我价值。传递爱心，传播文明，在加强人与人之间的交往及关怀的同时，消除彼此间的疏远感，促进社会和谐。

4.3.4　国家电网成都市高新供电公司

1. 愿景

公司的愿景是：唯高唯新，干出精彩。

2. 使命

公司的使命是：为美好生活充电，为美丽中国赋能。

3. 价值观

公司的价值观是：诚信、责任、创新、奉献。

其责任和奉献价值观，涵盖了社会责任与志愿服务，所以成都市高新供电公司共产党员服务队在为民服务中坚持全年365天无休，24小时在岗，故障抢修45分钟内达到现场，坚守"有呼必应、有难必帮"的服务承诺，为群众排忧解难。党员服务队在提供用电服务的同时，在扶危济困、精准扶贫、应急抢险等方面积极作为，累计帮扶 88 位孤寡老人、残疾人等社会弱势群体，提供上门服务 4 700 余次，体现出国有企业履行政治责任、经济责任、社会责任的担当。党员服务队坚持与时俱进，着力破解为民服务和自身建设中的难题，探索运用"互联网+服务"，采用供电服务示范社区创建、一键拨号"连心桥热线"、爱心闪灯等方法和工具，深化服务内涵，使服务群众人性化，提升了价值创造能力。党员服务队在各项工作中亮出党员身份，在抗震救灾等急难险重任务中冲锋在前，在巴中、简阳电力扶贫行动中任劳任怨，发挥了为民真诚奉献的精神。

4.3.5　德州仪器成都（以下称 TI）

1. 愿景

我们内心满怀热情，致力于通过半导体技术让电子产品更经济实用，创造一个更美好的世界，这是我们的核心理念。为了将这样的愿景最终变为现实，我们秉承三个使命开展运营。

2. 使命

（1）我们要发挥主人翁意识，长久运营公司。

（2）我们要适应不断变化的世界并取得成功。

（3）我们要把 TI 建设成为一家让我们自己引以为荣、希望比邻而居的企业。

最终让所有的员工、客户、社区以及其他利益相关方都因我们的成功而受益。

3. 价值观

我们的价值观包括五项基本原则，定义了我们是谁和我们的日常行为。它们能让公司在未来发展得更强。

（1）我们是值得信任的。我们以诚信和严格的道德标准行事，做正确的事并以对社会负责的方式运营。无论从公司的角度还是个人的角度，值得信任都是我们立足的基础。

（2）兼容并蓄有利于我们蓬勃发展。我们营造了人尽其才、才尽其用的环境，我们相互尊重，重视员工的个体差异，并鼓励员工开诚布公地表达自己的想法。

（3）我们以勇于创新取胜。我们构想出新的方法来提供出色的产品和服务，开拓新市场并提高公司竞争力。我们保持好奇心，并鼓励员工保持探索。我们深知，创新需不畏挑战，持之以恒。

（4）我们积极拥抱充满竞争的世界。我们永不言败，为此挑战自我、彼此激励，尽己所能实现自我。我们投资最好的机会让 TI 成为更强的公司，因为在优质市场中保持优势地位将实现可持续增长。我们了解自身与市场、竞争对手之间的实力比，并不断改进不足之处，进一步提高竞争力并获得成功。为了保持竞争力，我们吸引、培养和留住优秀的人才。

（5）我们以结果为导向并肩负起责任。客户有许多选择，我们承认我们做得如何必须由市场和客户来评定。我们知道，我们必须迅速采取行动，并履行承诺。我们追求效率并持续改进，因为我们知道竞争对手不会停歇。

我们的理想和价值观有力地阐述了对 TI 人的期望。与此同时，我们的行为准则详细地规范了我们必须遵守的标准和不可接受的行为。我们希望所有 TI 人都能践行我们的理想和价值观，并遵守我们的行为准则。其包括以下八项原则：

（1）遵守所有法律；

（2）尊重和包容；

（3）行为恰当；

（4）负责任的商业操作；

（5）健康与安全；

（6）机密信息保护和隐私；

（7）避免利益冲突；

（8）负责任地使用资源。

5 企业志愿服务文化现状摸底

对于企业志愿服务文化的现状，我们主要采用问卷调查的形式进行研究。通过前面的部分，我们了解到企业志愿服务文化是围绕精神、物质和制度三个维度展开的，那么我们设计的问卷调查也与这三个维度有关。通过员工填写调查问卷，我们将根据"新生代和 Z 时代"员工的需要，更清晰、更有针对性地制定志愿服务，明确企业开展志愿服务的发展方向，奠定自下而上的文化基础，巩固企业现有的价值观。

5.1 为什么要做问卷调查

问卷调查是指通过制作详细周密的问卷，要求被调查者据此进行回答以收集资料的方法。它是人们在社会调查研究活动中用来收集资料的一种常用工具。企业在开展志愿服务活动之前，面对员工发放调查问卷的目的主要从精神、物质和制度三个层面来讲：

第一，精神层面。从具象化的角度来讲，通过调查问卷，了解员工对于企业组织志愿服务的态度，期望参加哪些活动类型，以及期望通过参与活动获得哪些收获。在充分了解员工的需求之后，确定具体的志愿服务项目，提高员工的参与度和满意度，更充分地发挥企业志愿服务的效益。从抽象化的角度来讲，问卷调查有利于明确企业文化的建设程度。通过问卷调查开展企业志愿服务活动，是与企业文化相一致的，是对企业价值观的进一步强调和巩固，使志愿服务文化成为公司战略的一部分。

第二，物质层面。通过问卷调查，我们可以根据员工的意向制作出企业志愿服务的统一服装、LOGO、队旗等。物质文化是精神文化的载体，而企业志愿服务的物质文化可以加强员工对企业文化的直观了解，增强员工凝聚力。

第三，制度层面。通过问卷调查，我们可以了解到员工期望的志愿服务频次和参与形式等情况。由此，我们可以将调查结果写入《志愿服务手册》，形成志愿服务规范、统一的制度，有利于提升活动开展的效率。

5.2 问卷调查的主要流程

从问卷的制作到问卷的回收，我们主要经历五个步骤，如图 5-1 所示。

图 5-1 问卷调查主要流程图

第一步：组建团队。在组建企业志愿服务团队时，我们需要实现组员的多元化，即主要成员不仅来自企业社会责任部门或人力资源部门，还囊括业务部门的人员。这使得我们在设计问卷和开展活动时能全方位考虑问题。

第二步：设计问卷。企业在开展志愿服务前期面向员工所发放的调查问卷主要用于开展既围绕企业志愿服务文化又受到员工喜爱的志愿服务活动。设计问题的回答时间为 3~5 分钟。本书将根据企业志愿服务的需求，制作一个参考模板（附件），各企业可以根据自己的企业文化、所属行业领域或是志愿服务发展程度完善调查问卷。

第三步：发放问卷。采用现有小程序或 App 发放问卷便于统计和分析。

第四步：回收问卷。从问卷的发放到问卷的回收经历的时间为两周左右。第一周是员工自由填写的时间，第二周需要相关负责人提醒、督促未填写的员工，以保证调查问卷的回收数量（具体根据企业情况而定）。

第五步：分析问卷。对问卷的分析下文进行详细的阐述。此步骤的主要目的是让企业明确应该如何运用问卷调查的结果展开志愿服务的具体工作。

5.3 如何分析调查问卷

分析调查问卷主要采用数据的直接分析法和数据的交叉组合分析法。我们以"享宇金服"的问卷调查为例进行详细阐述。

2018 年 10 月，公司人事行政部对四川享宇金信金融服务外包有限公司（以下简称"享宇金服"）全体员工开展了主题为"享宇志愿者，大家说!"的问卷调查活动。本次问卷调查主要覆盖享宇金服成都全体员工（包含管理层），回收问卷 78 份，"问卷星"后台数据显示，有效填写人数为 78 人。下面将通过直接分析法和交叉组合分析法对问卷进行分析和总结。

5.3.1 直接分析法

我们采用直接分析法将调查的结果通过数据、图标进行直接的分析。

从回收的问卷中可以看出，女性占比约为 62.82%，占比较大（见图 5-2）。再结合公司现有的男女比例可以看出对志愿服务不同性别的偏好。如果女性人数占比较大，则可以有针对性地开展更适合女性的志愿服务活动。

❖ 性别

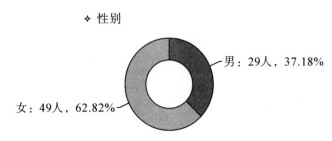

男：29人，37.18%

女：49人，62.82%

图5-2　享宇金服问卷调查结果——性别项

从回收的问卷中可以大致看出被调查员工的年龄分布情况，同样也需要结合公司现有所有不同年龄段的分布情况进行分析。从总体来看，公司25~30岁的年龄段占比较大，整体趋于年轻化（见图5-3）。因此，在设计志愿服务活动的时候可以考虑这个年龄层次的需求，开展更适合年轻人参与的活动。

❖ 年龄分布

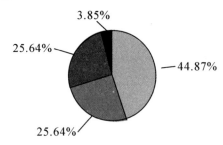

3.85%

25.64%

44.87%

25.64%

■25(不含)~30(含)岁　■18~25(含)岁　■30(不含)~35(含)岁　■35岁以上

年龄段/岁	18~25(含)	25~30(含)	30~35(含)	35以上
人数/人	20	35	20	3

图5-3　享宇金服问卷调查结果——年龄项

对于员工对志愿服务的兴趣这项，问卷设置了三个维度。从回收的问卷中可以看出，约65.38%的员工对志愿服务的兴趣处于"一般"的态度（见图5-4）。如果我们以一个公司的志愿服务活动有50%参与率为优秀的标准，那么享宇金服需要将这65.38%的员工作为激励的对象，这对于公司来讲也是具有挑战性的。

❖ 对志愿服务的兴趣

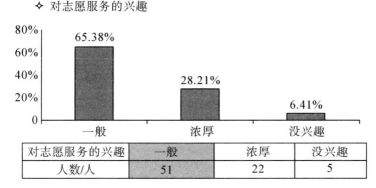

对志愿服务的兴趣	一般	浓厚	没兴趣
人数/人	51	22	5

图 5-4　享宇金服问卷调查结果——兴趣程度项

员工期望参与的志愿服务类型往往跟公司的业务类型是相关的，公司员工的职业技能对志愿服务的开展具有指导意义。从问卷调查结果来看，享宇金服的员工更期望参与助学类、环保类和助老类的志愿服务项目（见图 5-5）。因此公司在开展这几种类型的活动时，员工的参与率应该会有显著上升。

❖ 对志愿服务类型的意向（多选）

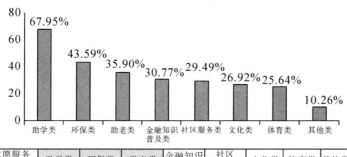

志愿服务类型	助学类	环保类	助老类	金融知识普及类	社区服务类	文化类	体育类	其他类
人数/人	53	34	28	24	23	21	20	8

图 5-5　享宇金服问卷调查结果——类型意愿项

从调查结果来看，享宇金服有超过 50% 的被调查员工愿意担任领队，也愿意设计、组建和开展志愿活动（见图 5-6）。公司可以对这些有意向的员工进行领队培训，进行二次筛选，让他们在企业志愿服务活动中为普通员工起到榜样的作用。

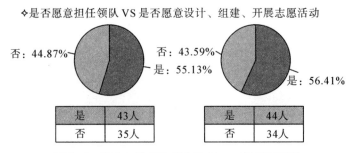

图 5-6　享宇金服问卷调查结果——领队意愿项

从调查结果来看，享宇金服约 55.13% 的员工期望每季度参与一次志愿服务活动（见图 5-7）。因此，公司以一个季度为周期，可以对志愿服务活动的形式和内容进行详细的设计，并且与公司的战略相结合。

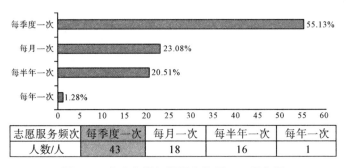

图 5-7　享宇金服问卷调查结果——频次项

5.3.2　交叉组合分析法

交叉组合分析法相比直接分析法更加综合，因此得出来的结论将会更加准确和切合实际。

（1）交叉分析项：性别、年龄 VS 参加志愿活动的兴趣

数据表明本次问卷调查填写中，女性员工比男性员工填写比例高出 25.64%，主要填写年龄段为 25~30（含）岁，仅目前数据体现出女性以及年龄段在 25~30 岁区间的员工更关注公司公益相关信息，更愿意分享、沟通个人看法（不排除因为工作时间及工作内容影响填写行为）。为了更清晰地表现其中关系，这里加入了对"志愿服务的兴趣"

这一因素，得到图5-8。

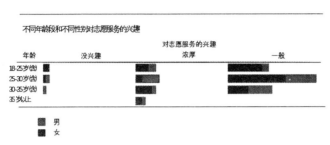

图5-8 不同年龄段和不同性别对志愿服务的兴趣

通过图5-8可以明显看出各分类之间的差异。对于"对志愿服务的兴趣"选择"浓厚"选项的员工将是未来志愿服务活动的主力，选择"一般"选项的员工，应该更深入了解其中原因，如因为男性、女性在不同年龄段的兴趣喜好，或者是对活动形式的偏好原因，或不同性别在职场中的赋权和在社会及家庭中承担角色的不同等原因，建议在后续活动中调动这部分潜力成员，通过设计更有吸引力和更贴合员工所想的活动形式，提高员工对志愿服务活动的兴趣及参与度。

为了初步印证猜想，在图5-8的基础上加入"是否愿意邀请家人"这一因素后形成图5-9。对比图5-9和图5-8可以看到对志愿服务兴趣浓厚的员工基本上都会邀请家人参加，对志愿活动兴趣一般的员工中，一半以上员工是愿意邀请家人参加的。这也印证了他们对志愿服务活动的态度是积极的。

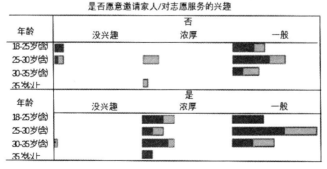

图5-9 不同年龄段和不同性别 VS 对志愿服务的兴趣及是否邀请家人参加

（2）交叉分析项：对志愿服务活动的兴趣 VS 对志愿服务的态度

为了了解员工对志愿服务活动的兴趣是否会影响其后续对相关活动的选择与看法，这里将"对志愿服务的兴趣"与"是否有志愿服务经历""是否愿意担任领队""是否愿意设计、组建、开展志愿活动""活动频次"几个因素组合分析，通过简单的数据交叉分析可得到图5-10中的结果。

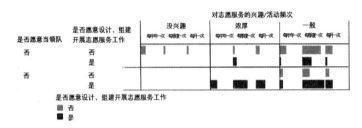

图5-10　交叉对比结果

（注：可理解为"不同兴趣的员工"对"志愿服务相关事宜"的不同选择之间的差异）

通过对比可以看到，"志愿服务的兴趣"这一因素对"是否愿意当领队""是否愿意设计、组建、开展志愿服务工作""活动频次"3个因素产生了不同影响。其中对志愿服务没有兴趣的员工既不愿意当领队也不愿意设计、组建、开展志愿服务工作，这类员工应在后续活动中积极宣传引导。兴趣浓厚的员工中，既愿意当领队又愿意设计、组建、开展志愿服务工作的员工，可以作为将来志愿团队骨干着重培养（当然也要看是否培养其策划活动及管理的能力），选择兴趣浓厚但又不愿担任任何管理角色的员工（第三列第一排）有3人，通过与原数据进行匹配查看其问卷填写结果可发现，他们都有志愿服务经历且都愿意邀请家人，所以应属于积极参与者，不应以不愿担任领队等因素去衡量其填写真实性。

对比"对志愿服务的兴趣"与"活动频次"可以看出，员工对活动频率为"每季度一次"选择最多，所以在策划志愿服务活动的频率上应该照顾多数员工的选择，避免活动频繁消耗员工热情，也避免出现心理反感等负面情绪。另外也要有针对性地关注兴趣一般的员工如何转化为兴趣浓厚或在活动中愿意主动承担管理角色的员工。

（3）交叉分析项：对志愿服务的兴趣　VS　活动类型选择

汇总问卷结果得到参与问卷调查的员工对开展活动类型的偏好，如表 5-1 所示。但由于员工对志愿服务的兴趣会影响其参与活动的积极性，故有必要将"对志愿服务的兴趣"为浓厚及一般的数据进行对比。对比结果见图 5-11。

表 5-1　志愿服务类型分析结果

志愿服务类型	助学类	环保类	助老类	金融知识普及类	社区服务类	文化类	体育类	其他类
人数/人	53	34	28	24	23	21	20	8

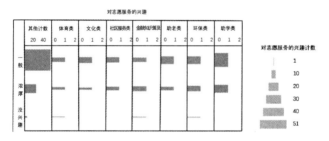

图 5-11　对志愿服务不同兴趣的员工选择活动类型偏好

对比问卷汇总结果和加入"对志愿服务的兴趣"这一因素后的汇总结果，可以发现助学类、环保类、助老类活动依然处于前三，除了可以开展这三类活动外，为引起"对志愿服务的兴趣"选择为一般的员工的注意与提高活动参与度，可开展文化类（15 票）、社区服务类（14 票）活动，吸引一般兴趣的员工参与。

附件　　企业志愿服务活动开展前期问卷调查（模板）

（可根据企业文化设置个性化标题）

问卷调查说明：根据企业志愿服务具体情况，向员工表明发放该问卷的目的。

1. 姓名：

2. 性别：

☐男　☐女

3. 年龄分布：

☐18~25（含）岁　☐26~30（含）岁　31~35（含）岁

☐36~40（含）岁　☐40岁以上

（根据企业年龄分布的具体情况设置）

4. 工作所在地：

☐城市1　☐城市2　☐城市3（企业分布多个城市可设置）

5. 是否有志愿服务经历：

☐是　☐否

6. 是否对企业组织的志愿服务感兴趣：

☐是　☐否

7. 对志愿服务类型的意向：

☐教育类　☐环保类　☐文体类

☐助老类　☐扶贫类　☐其他类（企业根据自己的业务类型设置）

8. 对志愿服务频次的期望：

☐每两周一次　☐每月一次　☐每季度一次

☐每半年一次　☐每年一次

9. 是否愿意邀请家人参加志愿服务活动：

☐是　☐否

10. 是否愿意担任企业志愿服务领队：

☐是　☐否

11. 是否愿意设计、组建、开展企业志愿服务活动：

☐是　☐否

12. 对企业志愿服务活动的收获有何期待：

☐获得少许物质回报　☐提升精神层面的认知

☐学习新的知识　　　☐拓展人际关系　　　☐其他

6　企业志愿服务手册

6.1　企业志愿服务手册的意义

企业志愿服务手册是指企业根据自身特点，结合企业志愿服务文化，从精神、物质、制度三个层次来构建基本的志愿服务管理体系，并形成相应的文件和执行手册，用以更好地开展企业志愿服务活动。企业志愿服务手册属于企业制度文化的一部分，是企业深层意识形态转化为表层实体文化的载体。当手册成文并最终发布，其作为企业文化的外部物质表现，也属于企业物质文化的一部分，被赋予了传播属性，让人们更容易感受并理解企业特有的精神。

6.2　企业志愿服务手册的目录设计

（1）企业志愿服务定义

更加准确且通俗地传达出企业的核心价值观，用简易的话语让员工知道自己在做什么，理解本企业志愿服务的意义，全身心投入企业志愿服务活动中。

（2）企业所专注的志愿服务领域

让企业自身及其内外部利益相关者都能知晓企业开展志愿服务的范围，定位服务方向，同时结合并专注于公司主营业务，最大限度发挥企业社会责任。

（3）企业志愿服务的队名

一个好的队名是员工集思广益的结晶。在队名产生的过程中，需要增进员工对志愿服务的理解与交流，使得队伍在开展志愿服务时更有系统性、组织性，同时也能使员工在提供志愿服务时更有归属感与团队荣誉感。

（4）企业志愿服务的 LOGO

LOGO 是最精练的传达特殊意义的符号，具有很强的识别功能。企业志愿服务的 LOGO 是企业开展志愿者服务理念和行为的集中体现，标志着企业志愿者服务的活动理念、文化特色、价值取向，同时也能结合企业的产业特点和经营思路来反映企业精神。

LOGO 可以将企业志愿者服务理念视觉刻画在内外部利益相关者的脑海中，并成为企业和受众的连接桥梁。设计属于企业的志愿者服务 LOGO 能够形象地表达企业和该项活动本身的可识别性，将公司与其他的企业或团体区别开来，实现公司志愿者服务价值与内外部利益相关者的传达和交流，通过获得受众对 LOGO 标志的认可，提升公司志愿者服务的价值。

天齐公益 LOGO 及天齐志愿者 LOGO 由天齐员工共同投票选出，并由外部设计机构遵照企业文化及价值观创作。

LOGO 整体创意造型源于天齐锂业英文缩写字母"TQC"，将字母作为整体串联形成"一棵树"的形象，字母 Q 中延伸出来的线条延展为"主树干"，赋予其孕育"锂"想的含义，代表天齐锂业为实现"共创锂想"的愿景不断努力履行社会责任提供养分支撑。

LOGO 主图形选用心形气球作为树的"花和果实"，不同颜色的树叶代表天齐锂业针对企业利益相关方在不同领域所开展的公益活动，象征企业致力于社会责任，为社会做出贡献，让"锂"想生活更色彩缤纷（见图6-1）。

天齐志愿者 LOGO，即"WE SHARE"充分表达了天齐员工志愿者秉承企业"共创锂想"的初心及目标，倡导并搭建"人人可为、处处可为"

的志愿服务平台，通过企业专业志愿技能的培训与系统化活动的开展，培养企业内部员工志愿文化精神，打造外部负责任企业形象品牌。

图 6-1 天齐公益与天齐志愿者 LOGO 及辅助图形

此外，天齐锂业于 2020 年增加形象 IP 设计，配合天齐公益及天齐志愿者责任品牌项目，建立 VI 识别系统。

小齐：男，身份为锂能量宝宝，依靠锂能量穿梭生活在地球和外太空，向人们传播关于锂的各种知识；性格开朗活泼，喜欢交朋友，喜欢传播正能量，喜欢一切和科技有关的新鲜事物（见图 6-2）。

图 6-2 天齐志愿服务形象 IP——小齐

该形象 IP 将主要应用于天齐志愿者自主研发的新能源教育课程、生物多样性保护宣传、公益及志愿者相关文创等，实现知识成果有效传递与转化。

（5）企业志愿服务的手势和口号

从员工层面来看，手势与口号不仅仅是一种形式，还是提供志愿服务后内心幸福感、满足感的展示。从企业层面，手势与口号的存在像一只无形的手，将员工紧密地联系起来，让员工更了解、认同企业。同时，企业借此传达自身的企业文化，让员工、受益者及社会关注人群更了解企业文化，为树立良好的企业形象打下基础。

天齐志愿服务手势"Li"，与"锂"字同音，意味"共创锂想"；志愿者在志愿服务活动期间，会同受益人共同摆出"左手比爱心，右手比 L"的手势（见图 6-3），通过相机的镜像特点，照片中将会呈现"Li"的手势；志愿者在完成志愿服务后会以此合影留念。这样会增强满足感与成就感，同时也使得员工更认同企业志愿服务的精神与企业文化。

图 6-3　天齐志愿服务手势

（6）企业志愿者团队的组织管理架构

组织架构的设立，使得企业志愿者团队更有组织性，形成系统化管理，细分权利和责任，让志愿服务活动有序开展，不流于形式。

（7）企业志愿者领队的角色和责任

领队主要负责组内管理与组外协调，为整个组织提供战略性指导。

（8）企业志愿者管理经理的角色和责任

更高效、便捷、灵活、扁平化地管理志愿者团队，分散工作压力，团结成员，更好地执行领队安排的任务。制定制度，划定职责范围，做到有制可循、有责可究。

（9）志愿服务项目的申请流程

从员工申请到审核的一套完整流程，有助于清晰地体现员工参与志愿服务项目的标准化流程。

（10）志愿服务项目的申请方法

志愿服务项目可以通过员工个人或团体申请，多种申请方式体现了多元化，也有助于提高员工志愿服务参与率。

（11）志愿服务的保险

手册包含了志愿者服务保险的内容。它可以明白地告知内外部利益相关者在参与企业志愿者服务活动时所得到的保障，有助于提升内外部利益相关者对志愿者服务的安全性和标准化的认可度。对于企业来说，保险可以转移经济损失风险，为参与志愿服务活动提供第三方保险，转移和消除员工参与志愿服务活动中出现的风险和意外。

（12）志愿服务活动的交通

企业为员工参与志愿服务活动提供统一的交通工具，可提高组织的效率和参与活动的企业形象。除此之外，也可降低员工出行的经济成本和时间成本，降低参加活动的出行风险。

（13）志愿服务手册的解释和修订

解释是结合手册内容的上下文，对通常含义的手册的真实含义予以说明和澄清，明确手册的目的与宗旨，并对一些意义不明确或不易理解的内容进行补充说明。修订是在手册编写完成后，在一定时期内对手册内容进行修改。对手册的解释和修订可以让内外部利益相关者对手册内容拥有一个更全面、清晰且动态的认知。了解自己在执行过程中的权利和义务能使内外部利益相关者提高对志愿者服务行为的认可度，更加明确志愿者服务的方向和操作方法。

6.3　以天齐锂业为例

天齐锂业的企业志愿服务手册如图6-4所示。

图6-4 天齐公益护照（天齐志愿服务手册）

《天齐志愿服务手册》由员工志愿者共同创造设计，巧妙且创新地将志愿服务手册的内容条例与公益护照以集章形式结合了起来。

一方面，该手册涵盖了志愿服务初衷、定义、领域、组织架构、参与途径、志愿者自主发起项目流程、志愿服务时长记录、手册的解释与修订等重要内容，指引并规范员工志愿服务行为。

另一方面，该手册的用途同时兼具"公益护照集章"活动，用有仪式感的集章机制（志愿者完成一项志愿服务活动，可获得公益印章及时间印章奖励），积极提升志愿者参与志愿服务活动的可持续性（见图6-5）。

（a）"公益护照集章"

（b）封面

（c）部分内容截取

图6-5 天齐公益护照"集章"及护照封面和内容

7　企业志愿服务项目战略设计

7.1　企业战略性慈善

早先的经济学家认为，企业是单纯的经济组织，企业的首要目标是利润最大化。但单纯从财务角度来看，慈善行为会对企业的经济利润造成一定的损失。因此，最初企业做慈善都是被动的，仅认为企业有捐款以及为社会经济的持续发展做出贡献的义务。然而，1999 年，战略大师迈克·波特在《哈佛商业评论》上首次提出，企业应该从战略的角度看待慈善。慈善行为不是单纯的义务付出，实际更重要的是可以通过慈善行为实现企业与社会双赢的发展。

波特认为企业的慈善行为只有在同时产生社会效益和企业自身经济效益的情况下，企业的慈善活动和股东的利益才可能交汇在一起。波特尤其强调恰当的企业慈善行为对企业竞争环境会产生积极影响，并将这种慈善行为定义为战略性慈善行为。

波特认为慈善行为对企业四大竞争环境，即生产要素、需求情况、战略与竞争环境、相关和支持性产业都会产生十分重要的影响。

首先，从生产要素角度来看：一是可以改善教育水平和培训水平，从而为企业提供大量高素质劳动力储备；二是可以改善企业所在地的生活质量，有益于当地居民，同时能够吸引到有特殊专长的移动人口；三是能够有效提升企业所在地研发机构的技术水平、行政管理机构效率、基础设施质量或者可持续地开发自然资源。

其次，从需求情况的角度看，战略性慈善行为不仅可以影响当地的市场规模，还可以有效地改善当地的市场质量。

再次，从战略与竞争环境的角度看，战略性慈善行为对于创建更有效率和公开透明的竞争环境至关重要。

最后，从相关和支持性产业的角度看，战略性慈善行为可以促进企业所在族群的发展并巩固与企业相关的各种支持性产业。

战略性慈善除了具有一般慈善的特点之外，还具有一些独特的特点，如战略性、主动性、长期性和互利性。

其中，战略性是指该慈善行为是有计划、有模式，依据企业自身产品市场定位的一种活动；主动性是指企业实行战略性慈善是制订相应的计划，主动承担其社会责任，并非被动式响应政府、社会舆论的号召；长期性即战略性慈善体现了企业的使命，其实施的时间较长，能够对受助对象提供持续性的帮助；互利性作为战略性慈善最鲜明的特点，是指企业并非把慈善简单地作为进行社会救济而履行其社会责任的手段，而是从自身角度出发切实考虑能使企业与社会共同获益的方式，使企业能够长远地发展，进而开展稳定、持久的慈善活动。

7.2　企业的战略志愿服务的必要性

企业的战略决定了企业的长期目标，明确了实现目标所必需的一系列行动及资源配置。因此，需要将企业的志愿服务纳入企业的战略（如图 7-1 所示）。

一系列综合的、协调的志愿服务项目

战略性志愿服务的基础：
立足于企业已有的文化和优势

战略性志愿服务的目的：
实现企业独特的目标和优势

图 7-1　战略性服务项目

从企业志愿服务的开展情况来看，志愿服务不能脱离公司的文化和业务。持续的志愿服务项目以具有社会责任感的企业愿景和使命为指引，依托企业独特的能力和资源，瞄准企业所处的环境中存在的社会问题，从而提出独特的解决方案并有效地实施。

例如，"英特尔未来教育"项目是英特尔公司为使计算机技术在课堂上有效利用而设计的一个全球性的培训项目。这一项目的产生离不开英特尔聚焦于"超越未来"的愿景，它契合了英特尔致力于发现并推动技术、教育、文化、社会责任、制造业以及更多领域的下一次飞跃的追求。同时，英特尔将公司电脑芯片生产商的独特身份与志愿服务项目进行有效的融合。英特尔公司与中华人民共和国教育部合作在中国启动英特尔未来教育中小学教师培训项目，推动了中小学教师教育技术能力的提高，促进了新型技术与课程教学的整合，为推进教育信息化起到了积极作用。

从企业的发展来看，志愿服务的最终目的除了解决社会问题之外，还在于实现企业独特的目标和竞争优势。英特尔自 1985 年进入中国市场后，一直致力于支持中国 IT 产业的发展。中国是一个正处于转型期的发展中国家，政府在整个市场的运行机制中扮演着举足轻重的角色。因此，英特尔在中国的发展离不开中国政府的支持，而英特尔未来教育计划正是英特尔与中国政府交流、沟通、合作的桥梁，使得英特尔可以获得其他竞争对手所不具备的竞争优势。

7.3 企业的战略志愿服务项目设计框架

企业的战略志愿服务项目的设计往往需要考虑整个项目的制定、实施和评估（如图 7-2 所示）。一个优秀的企业战略志愿服务项目往往从企业独特的愿景、使命和价值观中衍生出来。同时，企业在制定项目时需要对企业的外部环境如政策环境、科技环境等进行分析，识别外部环境中与企业发展相关的社会问题。再进一步进行企业内部分析，匹配企业解决社会问题所具备的优势以及面临的威胁，明确企业解决某一社会问题的能力以及恰当的方式。

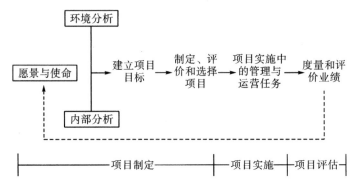

图 7-2　战略志愿服务项目设计过程

通过企业外部环境和内部环境分析，企业可以选择合适的社会问题，建立战略志愿服务项目的目标，接下来制定和选择合适的项目实施和运营，最后需要对项目进行合理的评价和反馈。

企业的愿景和使命与志愿服务的联系在上一节已经进行了说明，因此下面主要介绍战略志愿服务项目设计中的企业环境分析、SWOT 分析、目标制定以及实施与评估。

【案例】英特尔未来教育

英特尔是半导体行业和计算机创新领域的全球领先厂商，当时英特尔的目光聚焦于"超越未来"这四个字上，并以此为企业奋斗的愿景。英特尔认为他们的工作是推动技术、教育、文化、社会责任、制造业以及更多领域的下一次飞跃，从而与客户、合作伙伴、消费者和企业共同携手，实现精彩飞跃。

英特尔未来教育项目是英特尔公司为教师专业发展而设计的一个全球范围的公益性培训项目。该项目帮助教育工作者学习如何有效地将信息技术和资源融入他们的教学中，开展以学生为中心的教学活动，从而培养学生适应 21 世纪发展需要的素养与技能。英特尔未来教育项目的来源可以追溯到 20 世纪 90 年代末期。从 1998 年到 1999 年，英特尔公司在美国一些公立学校实施了 ACE（在教育中使用计算机）项目，培训了 3 000 多名学科教师，取得了很大成功，有超过 95% 的受训老师说他们学到了可以直接让学生受益的技能。ACE 项目的成功为英特尔未来教育埋下伏笔。后来，英特尔公司委托美国专业培训机构将 ACE 项目课程更新为英特尔未来教育课程，从 2000 年起在全球范围内作为教育公益项目进行推广。截至 2010 年底，该项目在世界上 60 多个国家开展培训工作，培训了 900 多万名教师。

对于一个国家来说，优质的教育是机遇和创新的基础。英特尔公司始终通过政府、教育工作者和社会各界合作，共同推进教育变革。英特尔未来教育项目是一个行之有效的教师专业化发展计划，通过项目实践，帮助教师发展学习的思辨能力、合作能力和创新能力等 21 世纪必备技能。

20 世纪之初中国国内教育信息化工作起步。当时中国国内教师培训工作基本上停留在技术扫盲阶段，与信息化教学相距甚远。因此，教师培训领域急需一种新颖的高质量培训模式，从而可以让广大教师近距离地实际掌握信息化教学的实践内涵。当时，英特尔未来教育在美国的实践结果反响较好，而且也比较成熟，是一种优质的教师培训模式。

自 2000 年起，英特尔公司与中华人民共和国教育部合作在中国启动英特尔未来教育中小学教师培训项目。此后，该项目在北京、上海开始试验的基础上逐步推开，遍及全国所有省、自治区、直辖市。到 2010 年底，175 万多名中小学教师及师范院校生接受培训，该项目亦成为中国统一开展的规模最大的国际合作教师培训项目。

英特尔公司率先与上海市教育委员会合作进行项目试点，组织专家队伍进行教材本地化和培训试点工作。通过数轮实践，该培训被证明确实行之有效，受到了广大教师前所未有的欢迎。在教育部师范司的指导下，此项目从上海、北京逐步推广到了国内其他省、自治区和直辖市。

英特尔未来教育项目采用英特尔公司教育专家设计的全球统一课程与教材，经过中国项目专家组进行本土化改变后开展培训。项目培训课程充分体现现代教育先进理念，以信息化环境下的教学设计与实施为主要内容，指导教师在教学中有效使用现代教育技术，促进教学模式的转变，促进教学与技术的整合，推动教师专业化水平的提高和教学行为的转变，从而促进学生学习方式的改变，提高学生学习成效，培养学生适应 21 世纪社会发展需要的素质与技能。项目主旨是对在职中小学教师进行信息技术素养培训，但并不是单纯的软件技术操作培训，而是将培训放在全球信息化大背景下，从培养 21 世纪合格人才的角度，激发学员积极参与培训、主动寻求改革教学的责任感和紧迫感。

英特尔未来教育的项目管理实行教育部师范教育司、基础教育司和英特尔（中国）有限公司、各省（自治区、直辖市）教育行政部门和相应的项目执行机构、各地（市）教育行政部门和相应的项目执行机构三级项目管理；施行骨干教师、主讲教师、学科教师（或师范院校学生）三级培训教学管理体系。各级管理或教学体系都有着不同而又相互关联的任务目标和责任目标，形成自上而下的项目目标管理系统。

项目分别成立了核心课程与基础课程全国项目专家组，承担项目业务指导、评估、培训、教学支持以及培训教材本土化等方面的工作，推动项目进一步深入开展，使该项目更加适合中国教育改革的需要。在全国通过分层培训、高级研修、交流研讨、集体备课等方式，建立了一支理解和掌握项目培训内容的骨干教师、主讲教师队伍。骨干教师和各级项目管理者以及项目专员一起组成了一支强大的项目团队，以保障项目能够高质量运行。

项目管理借鉴了国际项目管理原则和经验，采用签署协议的方式明确目标和责任，采用管理手册规范项目管理和教学管理行为，采用多元化的评价体系评估和保障项目质量。项目创建了网上教学管理平台，对培训教学管理工作给予支持并进行规范。

项目课程的培训主要采取面授学习形式，并利用网络平台开展研讨、互动交流。项目布局重视培训质量的不断提高，还采取多种方式推动培训成果在中小学教学实际中的应用，提倡培训、应用、研究一体化的项目推进方式。

　　英特尔未来教育项目采用的是三级培训模式。首先由各省（区、市）选派师训人员接受国家级骨干教师培训，然后由这些被培训人员回到省（区、市）内对本地区各学校选派的教师进行省（区、市）级主讲教师培训，最后再由这些主讲教师回到学校对所在学校的学科教师进行校内培训。这种分级教师培训模式对项目教学水平的保持和提高提出了巨大的挑战。

　　为了应对这种挑战，项目除了提供包括培训教学资源在内的多方位的教学支持活动外，还提供多元化的评价体系。评价内容包括对学生学习的评价、对教师教学的评价和对管理者的评价；评价形式包括培训过程性评价、培训终结性评价及培训后 6 个月的效果评价；评价方法包括各省（区、市）自评、专家实地现场评估、网上问卷调查、听课、访谈；评价主体既有项目评估专家，也有第三方专业机构。在项目规模逐年扩大的过程中，该评价体系起到了引导、修正、预防和监控的作用，为项目向全国各地区辐射性扩展起到了良好的保质作用。

　　英特尔未来教育项目在中国的成功实施，推动了中小学教师教育技术能力的提高，促进了新型技术与课程教学的整合，为推进教育信息化起到了积极作用。截至 2010 年底，核心课程培训已经扩展到了全国的31 个省（自治区、直辖市），培训人数累计达到 136.5 万名。项目学校由 2000 年的 220 所扩展到 7 439 所，培训教师人数累计达到 38 万名。

　　企业的战略志愿服务项目的开展对于塑造企业志愿文化至关重要。明确企业的战略志愿服务项目的设计框架之后，接下来主要阐释企业的战略志愿服务项目开展过程中的环境分析、SWOT 分析、目标制定以及实施与评估。

7.4　企业的环境分析：PESTLE

　　企业战略的核心是处理企业与环境之间的相互关系。因此，我们进行外部环境分析的目的就是明确"企业可以做什么"，揭示企业面临的关键机会，回避企业面临的重大威胁，为后面制定战略志愿服务项目的目标和方案提供依据。

企业的环境分析包含宏观环境因素和微观环境因素两个方面。宏观环境因素 PESTLE 主要包含政策（policy）、经济（economy）、社会（society）、技术（technology）、法律（law）、环境（environment）六个方面；微观环境主要包括企业所面临的行业环境因素和竞争环境因素。企业的微观环境因素分析主要针对企业的市场竞争方面，因此，本书略过微观环境因素的分析，主要聚焦宏观环境因素。

英特尔通过对 21 世纪初中国的经济、政治、社会等方面的宏观因素进行分析后，认为对中国来说，优质的教育是机遇和创新的基础。然而，21 世纪之初中国国内教育信息化工作才起步，当时中国国内的教师培训工作基本上停留在技术扫盲阶段，与信息化教学相距甚远。因此，教师培训领域急需一种新颖的高质量培训模式，让广大教师近距离地实际掌握信息化教学的实践内涵。

因此，英特尔公司通过与政府、教育工作者和社会各界合作，共同推进教育变革。英特尔未来教育项目是一个行之有效的教师专业化发展计划，通过项目实践，帮助教师发展学习的思辨能力、合作能力和创新能力等 21 世纪必备技能。

（1）**政治**

- 政府的政策、规章，以及制度的变动
- 国际政治事件
- 贸易政策
- 筹款、募捐与各种倡议
- 战争、恐怖主义与各种矛盾

（2）**经济**

- 经济环境的变化，将会对组织的经费支持造成影响，如宏观经济进入衰退、宏观经济摆脱衰退
- 通货膨胀、利率、税收政策

- 经济发展指标，如进出口比率
- 国际货币汇率
- 居民收入的变化先于或滞后于通货膨胀
- 可支配收入的使用情况

（3）**社会**

- 人际交往方式的改变（当面交流、电话、电邮、社交媒体）
- 社会主流价值观，如工作观
- 人口统计学变化
- 生活方式的变化趋势
- 文化禁忌
- 伦理和道德议题
- 媒体扮演的角色

（4）**技术**

- 新技术，如自动化与机器人技术
- 研究与创新
- 通信
- 信息与数据整合/驱动技术
- 知识产权的相关问题

（5）**法律**

- 国际法治
- 监管部门与监管程序
- 就业法
- 消费者保护法
- 健康与安全
- 反洗钱
- 税收政策

（6）**环境**

- 环境法规

- 生态法规
- 气候变迁/极端天气的影响
- 碳减排
- 可持续性（反枯竭化使用自然资源）

7.5 企业的 SWOT 分析

企业进行 SWOT 分析的目的是明确自身与其他组织的优势和劣势，明确"企业能够做什么"，揭示企业独特的优势，回避企业的弱点，为后面制定战略志愿服务项目的目标和方案提供依据。SWOT 矩阵又叫优势矩阵或优势-弱点-机会-威胁（strengths，weaknesses，opportunities，threats，SWOT）矩阵，是一种广泛使用的企业内部分析工具。

英特尔未来培训项目进入中国时面临着十分严峻的挑战。比如，ACE 的课程资料都是针对国外的培训对象，因此如何将课程本土化是首要问题。同时，如何建立庞大的师资培训队伍，如何应对中国当时网络基础设施不完善的情况，通过何种方式进行培训都是英特尔未来项目推广所面临的严重挑战。

7.6 志愿服务项目目标制定

企业在进行企业内外部环境分析后，需要制订合适的志愿服务项目计划。在制订计划之初，企业需要明确项目最终效果，为项目实施提供目标和方向，为后续的评估提供标准。当企业在制定战略志愿服务项目的目标时，需要遵循 SMART 原则。制定 SMART 原则是为了让员工更加高效地工作，更是为管理者将来对员工实施绩效考核提供考核目标和标准，使考核更加科学化、规范化，更能保证考核的公开、公平、公正。例如，英特尔未来教育项目在实施时，与中国教育部合作，首先在部分省份进行试点，试点后再逐步地往其他的省份推进，以年份为时间节点，逐步设立可行的目标，保障了项目的有效实施。SMART 原则中各字母的指代意义如下：

——S 代表具体（specific），指绩效考核要切中特定的工作指标，不能笼统；

——M 代表可度量（measurable），指绩效指标是数量化或者行为化的，验证这些绩效指标的数据或者信息是可以获得的；

——A 代表可实现（attainable），指绩效指标在付出努力的情况下可以实现，避免设立过高或过低的目标；

——R 代表相关性（relevant），指绩效指标与工作的其他目标是相关联的，绩效指标是与本职工作相关联的；

——T 代表有时限（time-bound），注重完成绩效指标的特定期限。

图 7-3 显示了英特尔未来教育项目按年份进入核心课程培训的省份。

按年份进入项目核心课程培训的省份统计

2000	2001	2002	2003	2004	2005
北京	浙江	河南	辽宁	黑龙江	西藏
上海	江苏	山东	陕西	江西	海南
天津	重庆	宁夏	贵州	安徽	
河北	甘肃	广西		新疆	
内蒙古	山西	四川		青海	
		福建		湖南	
		湖北		广西	
		吉林		云南	

图 7-3　英特尔未来教育项目按年份进入核心课程培训的省份

以英特尔的员工献血项目的目标为例。英特尔的员工献血项目的目标为：2019 年 7—8 月动员、组织两次、上百名员工义务献血。

S 代表具体（specific），献血项目；

M 代表可度量（measurable），上百名员工；

A 代表可实现（attainable），两次，每次估计 70 名左右报名；

R 代表相关性（relevant），健康是英特尔看重的，与 EHS（environment，health，safety）部门结合；

T 代表有时限（time-bound），2019 年 7—8 月。

7.7　SMART 目标的过程监督与评估

在企业志愿服务项目开展过程中，需要对指定的 SMART 目标进行过程监督与评估（monitoring & evaluation），确保企业志愿服务项目顺利达成目标。

例如，对"7—8 月的献血活动"的志愿服务项目进行过程监督与评估。

首先，在 6 月第一个星期，团队应该启动会议，联系血液中心，准备资料、制作海报，指定好谁负责。

6 月第二个星期，志愿者领队，确认所有的东西完备。开始报名。

6 月第三个星期，宣传报名一周。中途如果不理想，需要和企业社会责任经理沟通，通过部门经理再做一些呼吁或宣传，或者通过其他渠道，争取有 100 位左右的员工报名。

7 月第一个星期要和相关部门协调好确保献血大巴进工厂，献血地方、流程要和公司相关部门协调好。

7 月第一个星期周五开始献血。

8 企业志愿服务（社区）顾问委员会

企业为了更好地为社区提供服务，建立了企业志愿服务（社区）顾问委员会，以满足社区利益相关方的需求。通过对社区利益相关方的识别、分析、优化排序和参与的过程，完成社区利益相关方的定位。企业与社区利益相关方合作，商讨社区实质性议题，通过对社区实质性议题的分析，识别出不同强度重要性的实质性议题，以更好地整合企业资源与能力，实现与社区利益相关方的共赢。

社区顾问委员会（community advisory board，CAB），是由拥有共同的身份、历史经历、象征符号和语言以及文化的社区成员组成的。

8.1 社区利益相关方分析

社区利益相关方是企业利益相关方的重要组成部分。企业对利益相关方进行定位、分析、优化排序等，由此可以将利益相关方划分为不同的类型，满足其多样化的期望与需求。此外，这为社区利益相关方分析打下了坚实的基础，促使企业更好地为社区服务。

8.1.1 利益相关方

利益相关方，是指在企业的决策或活动中有利益关系的个人或团体（国际标准化组织，2010），如政府部门、消费者、顾客、所有者、股东、媒体、员工、供方、银行、工会、合作伙伴或社团企业、协会、学会、社区等。利益相关方的一项或多项利益会受到企业决策和活动的影响，利益相关方也可以称为"有利益关系的各方"。利益相关方可以来自企业内部，如企业内的销售部门的相关方，包括企业内的各部门及其各级员工；也可以来自企业外部，如银行、社区、合作伙伴、政府部门等。

8.1.2 利益相关方的识别与分析

利益相关方会与企业建立起某种关系。这种关系不一定是正式的。关系的建立是由于存在着利益，而不依赖于相关各方是否意识到该利益的存在。企业也许并不能识别出所有的利益相关方，尽管它应该努力去做到这一点。同样，许多利益相关方可能也没有意识到某个企业可能会对他们的利益具有潜在影响。

企业对于个人或团队如何受到或可能受到自身决策和活动影响的了解，将使得确认利益相关者的某种利益成为可能。因此，确定企业决策和活动的影响有助于识别最重要的利益相关方（国际标准化组织，2010）（见图8-1）。

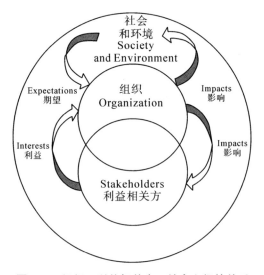

图 8-1　组织、利益相关方、社会之间的关系

　　企业可能有很多利益相关方。而且，不同的利益相关方有着各自不同的利益，有时这些利益还相互冲突。例如，社区居民的利益既包括企业为其带来的诸如增加就业等积极影响，也包括对其造成的诸如污染等消极影响。

　　因此，为识别利益相关方，企业应该回答以下问题：

- 企业对谁有法定义务？
- 谁会受到企业决策或活动的积极或消极影响？
- 谁有可能关注企业的决策和活动？
- 在过去出现类似关注需要回应时，谁曾参加过？
- 谁能够帮助企业消除特定影响？
- 谁会影响企业的履责能力？
- 如果被排除在参与进程之外，谁将处于不利地位？
- 价值链中的谁受到了影响？

　　因此，为了有效回应利益相关方的诉求，利用利益相关方权利-利益模型（见图8-2），对不同利益相关方的影响力与依赖性程度进行评估，并建立常态化的利益相关方沟通机制，进行利益相关方的评估与分析。其中，Markwick（2020）提出的权力-利益矩阵（the power/interest matrix）反映了普遍存在于利益相关方之间的权力-利益关系，他认为权力-利益关系可以体现不同利益相关方在组织内的关系结构。

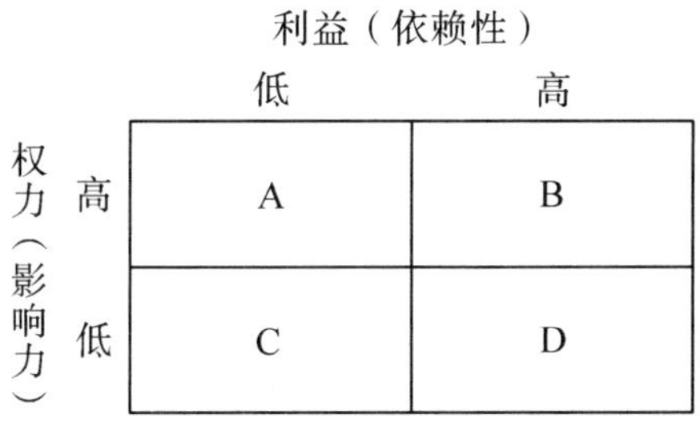

图8-2　利益相关方权力-利益模型

　　如图8-2所示，应重点关注在影响力和依赖性这两个维度评估中均取得了较高评分的利益相关方，即D区的利益相关方，他们是企业的

"最重要的利益相关方"。此外，应努力保持 C 区内利益相关方的满意程度，并保持与 B 区内利益相关方的信息沟通。

8.1.3 利益相关方参与

利益相关方的参与在企业的社会责任实践中是至关重要的。利益相关方参与（stakeholder engagement），是指为创造企业与一个或多个利益相关方的对话机会而开展的活动，目的是为企业决策提供信息基础（国际标准化组织，2010）。利益相关方参与通过为企业提供决策所必需的信息，来帮助企业承担社会责任。

利益相关方参与可采取多种形式。它可由企业发起，或者开始于企业对一个或多个利益相关方的回应；它也可以通过召开形式广泛的非正式或正式的会议来实现，例如个人会晤、会议、研讨会、公开听证、圆桌讨论、咨询委员会、定期进行的结构化的信息通报和咨询程序、集体谈判和网络论坛。利益相关方参与应是互动式的，目的是为听取各个利益相关方的意见创造机会，它的基本特征是双向交流。

因此，企业积极推动利益相关方参与，有以下益处：

- 企业可以了解其决策和活动对特定利益相关方可能造成的后果；
- 确定如何更有效地扩大企业决策和活动的积极影响及如何减少消极影响；
- 确定企业的社会责任声明是都为他人所信任；
- 帮助企业评价其绩效，以利于企业改进；
- 化解自身利益、利益相关方利益和社会整体期望之间的冲突；
- 处理利益相关方的利益和企业对整个社会的责任之间的关系；
- 推动企业持续学习；
- 履行法定义务（例如对雇员）；
- 化解企业和利益相关方及利益相关方之间的利益冲突；
- 为企业带来了解不同观点的益处；
- 提高企业决策和活动的透明度；

- 形成伙伴关系以实现共赢的目标。

值得注意的是，在利益相关方参与时，企业不应由于某个团体更"友好"或比其他团体更支持本企业目标而给予其优先权；企业不应仅因为利益相关方沉默就忽略他们；企业不应建立或扶植固定团体以造成其有对话伙伴的表面现象，其实这一人为设定的伙伴并不真正独立。真正的利益相关方对话，涉及独立的各方以及任何财务或其他类似业务的公开披露。此外，企业应该知道自身决策和活动对利益相关方的利益和需要的影响；企业应该适当考虑利益相关方，并考虑到他们在联系企业和实现参与方面有着不同的能力和各异的需求。

8.1.4 利益相关方定位过程

企业的利益相关方对于企业的生存与发展至关重要。企业对与项目特性和绩效有关的人员和组织，即利益相关方进行识别、分析和排序，有助于确定项目需求，并帮助有效地管理和与利益相关方沟通。图8-3显示了利益相关方定位过程，其具体分为利益相关方识别、分析、优化排序和参与。利益相关方定位完成后，与关键利益相关方合作，赢得他们的支持和理解，这是利益相关方定位的关键应用。

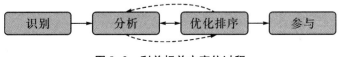

图8-3 利益相关方定位过程

下面具体介绍一下利益相关方定位过程。

步骤一：利益相关方识别。首先，企业应识别出那些能够影响组织、战略或项目，或受到它们影响的实体。此外，利益相关方可以是企业内部的，也可以是企业外部的。

步骤二：利益相关方分析。识别利益相关方之后，应进行利益相关方分析，确定利益相关方的角色和期望。值得注意的是，并非所有的利益相关方都是平等的，其中一些利益相关方对企业产生的影响力比另一些的影响力更大。分析评价利益相关方的最好方法是遵循逻辑过程，并且系统化。可以参照图 8-2，根据利益相关方的权力大小以及利益对其分类，绘制出利益相关方参与水平的矩阵图，从而划分出不同类型的利益相关方。

步骤三：利益相关方优化排序。在对利益相关方识别、分析之后，需要对利益相关方进行优化排序。基于利益相关方的利益和影响力两个维度，将利益相关方划分为不同的类型（见图 8-4），从而对不同类型的利益相关方采用不同的管理策略，以更好地实现企业的经济目标和社会目标。

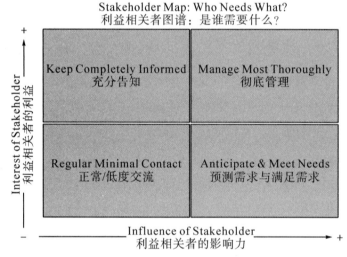

图 8-4　利益相关方图谱

如图 8-4 所示，利益相关方被分为四大类：①利益相关方的影响力和利益均较低时，企业宜采用"正常/低度交流"的策略；②利益相关方的影响力较高但其利益较低时，企业宜采用"预测需求与满足需求"的策略；③利益相关方的利益较高但其影响力较低时，企业宜采用"充分告知"的策略；④利益相关方的利益和影响力均较高时，企业宜对这类利益相关方采用"彻底管理"的策略。

步骤四：利益相关方参与。利益相关方定位过程的最后步骤是与关键利益相关方进行互动以赢得他们的支持和理解。在此阶段，也可以着手制订利益相关方沟通计划，基于利益相关方沟通计划模板（见图8-5），建立常态化的利益相关方沟通机制，以有效回应各利益相关方，特别是关键利益相关方的诉求，保证与各利益相关方保持透明、公开及时的沟通。

Stakeholder 利益相关者	Power/Interest 影响力/利益	Key Interest & Issues 关键利益及问题	Communication Vehicle 沟通途径	Frequency 频率	Comments 评价

图 8-5 利益相关方沟通计划模板

8.2 社区实质性议题

社区，是指在地理位置上接近企业所在地或企业影响所及区域内的居民点或其他社会定居点。社区也可以被理解为具有某些共同特点的群体（李文茂 等，2013）。实质性议题即关键性议题，指可以对企业长期或短期运营绩效产生重大影响的决策或活动。所谓社区实质性议题，是指对企业绩效产生重大影响的社区活动或决策。

企业应通过合理的流程（见图8-6），对社区实质性议题进行排序，以便更好地管理和回应。

图 8-6 社区实质性议题分析流程

具体而言，社区实质性议题分析，主要包括以下三个步骤：

第一，潜在议题识别。企业应通过媒体及同行对标分析行业面临的潜在风险，识别本年度的社区实质性议题。

第二，实质性议题排序。开展内外部利益相关方访谈，初步形成实质性议题排序。

第三，实质性议题排序调整与确认。与企业管理层探讨，结合内外部分析对议题进行整合及重新划分，使实质性议题与企业战略规划相匹配。

最后，从基于内外部评估，从利益相关方的重要性和对企业的重要性两个维度出发，结合相关文件要求以及问卷调研等，对利益相关方关注的实质性议题进行评分和排序，按高度重要性、中度重要性以及轻度重要性对其进行划分，以更好地回应利益相关方的期望和诉求，即形成实质性议题重要性矩阵图。此外，高度重要议题，对于企业和利益相关方均具有重大影响，应重点关注。

8.3　天齐锂业的社区利益相关方沟通

以天齐锂业的社区利益相关方沟通为例。该公司坚持国际化经营，对内不断完善企业环境、社会及治理体系，并逐步与公司战略相融合，对外积极搭建与各利益相关方的双向沟通渠道，建立透明、公开、规范的商业运营氛围。对于社区利益相关方，天齐锂业积极搭建各类沟通渠道，以回应不同利益相关方。

如表 8-1 所示，天齐锂业通过与社区利益相关方的沟通，明确了社区利益相关方的利益诉求，而且天齐锂业积极采取了相应的沟通策略予以回应，充分满足了社区利益相关方所关注的利益需求，实现了企业与社区利益相关方的合作共赢。

表 8-1　天齐锂业的社区利益相关方沟通

利益相关方	利益诉求	企业沟通或回应方式
社区	践行公益慈善	开展公益活动
	服务社区体现在哪里	社区走访交流/企业开放日
	资源使用	落实节能措施
	生物多样性	生物多样性保护措施
	矿区修复	制订矿区修复计划

8.4 英特尔社区顾问团

英特尔社区顾问团是由地方政府机构（如环保局、教育局等）、学术团体、NGO、学校等十几家不同的机构组成，定期召开季度会议，其目的是向大家汇报英特尔已开展的和将要开展的项目，同时也让大家对此提出宝贵的建议，从而更好地为社区服务。

8.4.1 英特尔社区利益相关方识别与分析

英特尔作为全球最大的个人计算机零件和 CPU 制造商，充分关注各个利益相关方的利益和需求，以实现企业发展目标。在社区利益相关方方面，英特尔在对社区利益相关方进行识别、分析之后，对利益相关方进行优化排序，并基于利益相关方的依赖性和影响力两个维度，将利益相关方划分为不同的类型，形成利益相关方图谱（见图8-4）。

下面笔者用英特尔成都的例子来做示范。我们用这个模型，并根据已有经验，做社区利益相关方的识别与分析。

（1）识别出所有的社区利益相关方，对社区利益相关方的影响力（权力）和依赖性（利益）进行打分。其中，影响力是指该利益相关方对于企业的影响能力；依赖性是指该利益相关方对于企业的依赖程度。打分范围为0~5。其中，"0"表示影响力/依赖性一点也不重要，"1"表示影响力/依赖性有一点重要，"2"表示影响力/依赖性比较重要，"3"表示影响力/依赖性重要，"4"表示影响力/依赖性非常重要，"5"表示影响力/依赖性最重要，由此形成如表8-2所示的社区利益相关方打分表。如表8-2所示，对英特尔的社区利益相关方基于影响力和依赖性予以0~5分的分值，可以为下一步形成利益相关方图谱、划分不同类型的社区利益相关方打下基础。

表8-2 社区利益相关方对英特尔成都的影响力和依赖性打分

社区利益相关方	影响力	依赖性
环保局	5	2
红十字会	3	3
残联	3	4
青少年科技活动中心	4	2
电视台	4	2
科协青少部	3	4
中山学院和光亚学校	4	4
血液中心	4	4
观鸟会	3	3
青年志愿者协会	5	3
大熊猫繁育研究基地	4	3
教育基金会	1	1
合作街道办事处	4	4
合作就业服务有限公司	3	4
人民对外友好协会	5	2
教育厅装备处	4	2
合作街道办团委	3	1
英特尔产品（成都）有限公司管理层	5	5

（2）依据对社区利益相关方的打分，得到利益相关方图谱。基于影响力和依赖性两维度形成的利益相关方图谱（见图8-7），将社区利益相关方划分为不同的类型，对不同区域内的利益相关方采取不同的沟通策略，以最大限度地满足其期望与需求。同时，也可以识别出企业的关键利益相关方，进而促使企业更好地开展社区顾问团服务。

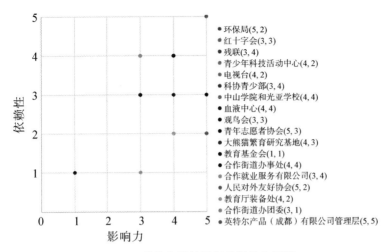

图 8-7 英特尔的社区利益相关方图谱

结合英特尔战略发展需要以及经济目标和社会目标，将依赖性和影响力的分值≥4 的社区利益相关方确定为英特尔的关键利益相关方。因此，结合表 8-2 和图 8-7，可得其关键的利益相关方为英特尔产品（成都）有限公司管理层、中山学院和光亚学校、血液中心、合作街道办事处。基于此，在企业开展社区服务时，可以重点关注并满足关键利益相关方的期望和需求。

8.4.2 英特尔社区实质性议题分析

对于英特尔的社区实质性议题分析，我们从利益相关方的重要性和对英特尔的重要性两个维度出发，对社区利益相关方关注的实质性议题进行了评分和排序，并按高度重要性、中度重要性以及轻度重要性对其进行了划分，以更好地回应利益相关方的期望和诉求。

对英特尔进行社区实质性议题的分析，主要步骤如下：

（1）识别并列出社区实质性议题。

（2）对社区实质性议题进行打分。打分主要依据关键性议题对英特尔的相关程度/重要性，并给予 0~5 分的评级："0"表示不相关，"1"表示不太重要，"2"表示有点重要，"3"表示重要，"4"表示非常重要，

"5"表示极其重要。其中，内部评估是指社区利益相关方参与的社区实质性议题对于英特尔的重要性，外部评估是指英特尔开展的社区实质性议题对于社区利益相关方的重要性（见表8-3）。

表8-3　英特尔成都的社区实质性议题的打分表

社区实质性议题	内部评估：对于英特尔的重要性	外部评估：对于权益人的重要性
敬老院项目	3	5
云桥湿地	5	5
生态农场	5	4
英特尔志愿者关爱残疾人	3	3
慈善义集	3	3
环保进社区	3	3
乡村女教师	4	4
英特尔安全进校园	3	3
慈善健康跑	3	3
冬衣捐赠	2	2
义务献血	4	4
乡村图书馆	4	3
高等教育	5	5
英特尔社区信息中心	4	4
关爱地球　与鸟同飞	3	3
生活的准则	3	3
家庭开放日	5	3
公司文化之旅梦之队	3	3
英特尔果林	4	4
职业教育	5	5
科技创新大赛	5	5
科技进课堂	4	4
企业培训联盟	5	4

（3）基于对社区实质性议题的打分，生成实质性议题重要性矩阵图（见图8-8）。

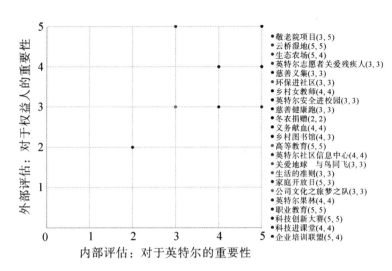

图8-8　英特尔成都的社区实质性议题重要性矩阵图

如图8-8所示，笔者根据经验对社区利益相关方关注的实质性议题进行了评分和排序。其中，将内部评估和外部评估分值均为5的社区实质性议题，称为高度重要性实质性议题；将内部评估和外部评估分值均小于或等于3的社区实质性议题，称为轻度重要性实质性议题；将内部评估和外部评估分值大于3小于5的社区实质性议题，称为中度重要性实质性议题。

基于此，结合表8-3和图8-8，高度重要性实质性议题为云桥湿地、高等教育、职业教育、科技创新大赛；中度重要性实质性议题为敬老院项目、生态农场、乡村女教师、义务献血、乡村图书馆、英特尔社区信息中心、家庭开放日、英特尔果林、科技进课堂、企业培训联盟；轻度重要实质性议题为英特尔志愿者关爱残疾人、慈善义集、环保进社区、英特尔安全进校园、慈善健康跑、冬衣捐赠、关爱地球与鸟同飞、生活的准则、公司文化之旅梦之队。以上，将23项社区实质性议题按高度重要性、中度重要性以及轻度重要性对其进行了划分，可以更好地回应社区利益相关方的期望和诉求。

总而言之，英特尔通过对社区利益相关方进行识别与分析，将社区的利益相关方划分为不同的类型，采取不同的利益相关方参与和沟通策略，更好地满足其期望与诉求。同时，也确定了关键社区利益相关方，可以更好地开展社区服务。此外，通过社区实质性议题分析，根据实质性议题的重要性进行不同详尽程度的阐述，以满足社区利益相关方的需求。

9　企业志愿服务团队的组建

当今时代，做任何一件事情几乎都离不开团队协作，个人的力量在此时显得相对渺小，团队变得越来越重要。志愿服务团队的好坏直接决定了志愿服务项目质量的优劣。因此，本章主要描述了应该如何组建志愿服务团队。

首先，概括分析了团队以及志愿服务团队构建的理论基础，指明了伙伴关系在志愿服务团队中的重要意义。

其次，比较分析了志愿服务团队的两种架构并指明志愿服务项目应该依托基于伙伴关系原则的团队架构组建团队。

最后，从志愿服务团队的各类成员职能以及项目汇报两方面说明了简要志愿服务项目的具体执行。

9.1　志愿服务团队构建的理论基础

9.1.1　团队与志愿服务团队

对于团队这一概念，不同的学者在其相应的研究中都做出了各自的理解，且这些定义都体现了许多共同的认识。Hackman 和 Schwarz 认为，团队是由一群角色明确且互相依赖的人员组成，他们为获得某些结果（产品、服务或决定）而共同担责。Shonk（1982）则认为，团队是指通过彼此间的相互协调完成共同的任务的两个或两个以上的人。Jessup（1992）则指出，团队不仅重视整体目标的实现，更重视团队成员间相互依赖与彼此承诺的关系。也就是说，团队成员间应该保持一种伙伴关系，这种关系相对于团队目标的实现具有更高的重要性。而关于团队最具代表性的定义是 Sales 等人在 Hackman 的基础上提出的。他们认为团队是一个由两人或两人以上所组成的相互影响和依赖并为实现一个共同的价值目标或使命而工作的可识别的集体，成员为了促成共同的和有价值的目标的实现动态地、相互依赖地和适应性地互动，每个成员具有各自的角色、职能和有限的参与期间。尽管不同学者对团队都有各自的理解，但是从以上的定义中可以概括出，他们的定义都包含以下三层含义：一是团队必须至少由两人组成；二是团队工作的正常开展需要各成员之间的相互依赖和配合；三是团队成员具有相同的终极目标并为目标的实现而共同努力。

明确了团队的概念，就不难理解志愿服务团队了。顾名思义，志愿服务团队就是由志愿者组成的团队，所以，志愿服务团队就是由两个或两个以上的志愿者为完成某个项目或任务而结成的分工明确且相对独立又相互依赖与配合的小集体（涂敏霞，2019）。志愿服务团队与一般的团队本质上是相同的，且志愿服务团队是团队的一种，它的成员具有志愿者的身份，这种身份可以只是因为参加志愿者活动而暂时获得，也可以是将志愿活动视为职业性工作时的标签，而它的任务、工作或者目标是提供志愿服务，或者对于企业来说也可以视为履行社会责任的一种重要途径。

9.1.2 构成要素与特征

团队至少应该包含四项构成要素：合适的团队规模、团队成员之间的相互协作与依赖关系、共同的团队目标以及团队责任的共同承担（窦海波，2014）。

第一，团队成员应至少由两人组成，且不宜过多，一般以 5～12 人最佳（涂敏霞，2019）。虽然团队规模没有严格的人数标准，理论上一个人数较大的群体如几十上百人也可以构成一个团队，但是这样规模的团队通常是由许多下级团队构成，并不是作为一个团队发挥作用。人数较多的团队也许具有一定的优势，但是其劣势却更为明显，这样的团队很难相互配合采取有效的行动，且在许多问题上往往很难达成共识（苗青，2007）。对于一个志愿服务团队来说，它们所涉及项目的量级有限，因此，5 个人的团队较为适合。

第二，团队成员之间相互依赖，在团队工作开展过程中相互协作、互帮互助。团队成员之间的差异性可以帮助团队形成知识、技能和经验上的互补，在开展团队工作时可以通过相互协作，共同成长与进步，促进团队的发展壮大。同时，团队成员可以通过沟通与互动，形成良好的伙伴关系，建立相互依赖的联系，从而在团队成员之间建立起良好的信任，并塑造优秀的团队精神。这种相互依赖、在完成任务过程中的相互协作与帮助是团队凝聚力的体现，有利于保持团队成员良好的工作状态。缺乏凝聚力的团队不仅难以发挥出团队应有的优势，也很容易退化成一个普通的工作群体（戚振江 等，2003）。志愿服务团队作为以提供志愿服务为宗旨的团队，更需要团队成员之间的相互信任与依赖。

第三，团队成员拥有共同的团队目标，团队的终极任务也是实现整体的目标。团队共同的目标决定了团队开展工作的方向，它是团队成员在团队中要做什么、怎么做以及为什么做等问题上的根本评判标准。共同目标规范着团队成员，促使他们的行为向团队目标靠拢，并保证个人目标的实现建立在团队目标实现的基础之上。它反映的不应该是领队的个人意志，而是所有团队成员的共同意志。相对于层级关系，在伙伴关系的环境下，团队共同目标更可能是所有团队成员共同意志的体现，它可以帮助团队在应对各种问题上更好地达成共识，并有利于团队成员自我约束。对于志愿服务团队来说，它的搭建相对一般性的团队更加灵活，所以团队成员更有可能因为共同的目标聚在一起，共同目标在志愿服务团队中也会得到更好的体现。

第四，共同承担责任。一个优秀的团队成员之间往往是一种伙伴关系，他们有着共同的目标，目标赋予了他们各自不同的权力，同时也代表着每个团队成员为团队目标的实现付出努力的责任和义务，并共同为团队的行为负责。共同承担团队的责任意味着团队成员就团队行为和决策达成了高度的共识，得到了团队成员的共同支持，也是他们之间相互依赖和信任的重要体现。因此，共同承担责任是消除团队中成员的个人主义以及保证团队成员在工作过程中相互配合、共同协作、增强信任的重要体现。志愿服务团队的成立过程更多地反映了团队成员的主动参与，所以他们更愿意与其他成员共同去承担团队责任，这一要素在志愿服务团队中得到了更好的体现。

一个志愿服务团队需要有合适人数的志愿者成员，同时这些成员具有共同的团队目标，并在实现这一共同目标的过程中相互依赖、共同协作、互相帮助，并共同为团队的行为承担责任，这是一个团队构成要素，也是一个团队区别于一般群体的重要特征。此外，志愿服务团队还具有以下特征（尹媛，2016）：

（1）团队成员的多样化。团队成员来自不同的领域且具有不同的学历、背景和经验，并通常处于不同的年龄段。

（2）团队的变化和不固定性。志愿服务团队通常是针对特定的任务临时组建的团队，因此在一次任务结束之后再接受新任务时又会构建新的团队，团队成员时常变化；特定的成员在不同的团队中经常会具有不同的职责，比如在一个团队中担任领队职责，在新的团队中又担任组织委员的职责，团队结构具有明显的不固定性。

（3）团队任务的复杂性。志愿服务团队承担的任务有一定的复杂性和挑战性，这种复杂性和挑战性不仅体现在团队成员的个人能力上，还体现在团队的综合实力上。

（4）团队工作的时限性。志愿服务团队承担的工作其时间跨度往往不是很长，具有明显的时限性。

9.1.3　伙伴关系

志愿服务团队作为以提供志愿服务解决社会问题为宗旨的新型团队，它的兴起打破了传统团队的层级关系，它提倡的是一种新型的团队成员关系——伙伴关系。这种团队关系强调团队结构的去中心化，去中心化的团队结构则成为团队成员之间的信任和合作的客观前提（张康之，2008）。值得注意的是，志愿者团队内部关系不是权利领导关系，而是协作使命关系。

合作伙伴是由两个或者多个自主的机构或个体组成的一个联合体。他们形成了一个互相信任的关系，通过分享彼此互补的、不同的优势和资源，一起沟通、计划和工作以实现彼此的期望和他们的共同目标。下面对其中的名词进行解释：

（1）两个或者多个：一个双方对称的约定才是真正的伙伴合作，但不一定仅仅局限在两方。多方、包容的伙伴会经常产生很多火花和协同效果。

（2）机构/个体：很多时候，我们忽略了个体，他们给机构也能带来很大的资源。所以，和个体达成伙伴合作关系也是非常重要的，我们应尊重独立自主的个体。

（3）一个互相信任的关系：一个互相信任的关系是在适当的伙伴合作中培养出来的，它能加深彼此对最初达成的期望的理解。督责，作为信任的另外一面，建立在信息公开基础之上，如果遇上一个不是很负责任的人或机构，你是很难去相信他或它的。如果有人说不相信某人，其实是对他的一种羞辱。督责不是暗示说不相信，对时间和金钱的督责不仅可以保持信任，而且会给予彼此更多机会，从而创造更美好的未来。

（4）分享互补的、不同的优势：在合作中，如果伙伴只是贡献更多同样的东西，那就会严重"贫血"。在这种情况下，其中一方应该兼并对方了，走向机构合并。分享，在伙伴合作中，互助不仅仅是在口头上，更应该贡献不同的资源。

（5）一起沟通、计划和工作：真正的伙伴合作需要分担彼此的忧虑，一起沟通，贡献彼此的时间和技能，包括物质的资源。一起计划可以增强主人翁的拥有感，一起工作可以加速达成目标，并提高结果的质量。

（6）共同目标：我们在这里讨论的不是简单的互相帮助，而是共同目标，一个所有伙伴都期望能够达成的目标。

图9-1为伙伴合作的鱼骨模型，从图中可以清晰地看出伙伴合作的各构成要素及其相互之间的关系。

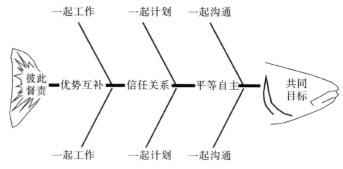

图9-1 伙伴合作鱼骨模型

伙伴关系，也可以称为合作关系，是相互尊重、求同存异、合作共赢的关系，强调团队成员为了团队的共同目标和谐地工作。它通过联系而形成一个整体的原则，不同于占据主导地位的强制性的等级服从体制；它要求公平合理，意见一致，互利互惠，民主地参与决策，积极地倾听，富有同情心地分担，相互支持，以促进共同兴旺发达。在伙伴关系的环境中，人们能感觉自己受到了重视，有真诚的关怀和安全感（邓伟志，2009），并能够表现出更好的工作状态。

伙伴关系有三大要素：愿景、关系和结果。

愿景体现了团队成员共同的梦想，并因这一共同梦想融洽地聚集在一起，且为了实现它贡献自己的力量。同时，为了达成愿景需要团队确定界限和原则，规范团队成员的行为，指导他们如何更好地在一起工作。建立在伙伴关系上的愿景，是所有团队成员梦想的体现，为此，他们更有激情和动力去实现它，也更有理由去坚守团队原则。

关系体现的是团队成员对团队这样一个联盟的支持和拥护，强调的是团队成员之间跨文化相互理解。团队成员对于联盟的支持和拥护表明了他们共同承担团队责任的决心；跨文化理解是维持成员间良好合作关系的基础，也是团队成员相互协作、建立信任、形成团队凝聚力的前提。团队成员的相互信任决定了在工作过程中配合的默契程度，也是团队目标实现的重要保障。

一个有意义的结果对于志愿活动来说是至关重要的一部分，它衡量了一次志愿活动产生的影响，是否真正地帮助了有需要的群体，是否对解决某一社会问题产生了积极的效果。同时，它也是对团队成员工作的肯定，在伙伴关系的环境下，团队成员的努力不仅是为了团队目标的实现，更重要的是体现了他们对志愿服务事业的精神追求，也是对个人价值实现的追求。另外，对志愿活动开展过程的记录也是必不可少的一个环节。在一些重要问题上所达成的共识、一些行动的贡献和结果都需要形成相应的记录文档，这对于后期的学习以及改进可能提供重大的帮助。

9.2 志愿服务团队搭建

搭建一个团队的关键之一在于确定团队的架构，不同的团队架构反映了团队不同的成员关系。通常来说，团队的架构分为如图 9-1 所示的两种类型。

如图 9-1 所示，架构 A 是基于团队成员之间的伙伴关系原则所建立的，它反映了团队成员之间的平等合作关系。架构 B 则是基于团队成员之间的层级关系所建立的，它反映了团队成员之间传统的等级服从关系。

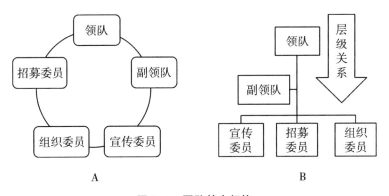

图 9-1 团队基本架构

既然本章前面部分已经强调志愿服务团队成员之间应该保持一种平等的伙伴关系，也就可以理解志愿服务团队应该基于架构 A 进行搭建。本节将对两种不同的成员关系所对应的团队架构进行比较，从而进一步确定团队基于 A、B 哪种架构进行搭建。下面将从团队的构成要素对架构 A 与架构 B 进行比较。

（1）在团队规模方面，两种架构的团队成员数量都是 5 人，前面也已经指明，对于一个志愿服务团队来说，5 人的团队是一个较为合适的规模，因此，架构 A 和架构 B 在团队规模方面并不存在明显的区别。

（2）在团队成员的相互依赖和配合方面，相对于架构 B，基于伙伴关系原则的架构 A 中，所有团队成员都位于相同的层级，在此基础上成员之间的交流和沟通无疑要更加真实和有效。他们之间的互动不存在上下级之间的压力，更多的是一种相互学习、相互依赖的过程，因此，在工作过程中成员之间能够更加积极地配合，也更容易建立起信任，从而提高团队的凝聚力。在志愿服务团队，团队成员都有一个共同的身份——志愿者，因此，他们在团队开展任务的过程中，更应该基于志愿者这样一个平等的身份相处。

（3）在团队的共同目标方面，正如前面所说的，在层级关系支撑的团队，也就是基于架构 B 建立的团队中，团队的共同目标可能更多地反映着领队的个人意志，这势必会影响成员的工作热情和工作状态。然而，基于架构 A 所建立的团队则可以有效地限制个人主义，团队每一步工作的开展也基本上建立在团队的共识基础上。这种共识是集团队所有成员的意志所达成的，因此，团队的任何行为都是所有成员共同意志的体现，团队的共同目标反映的也是所有成员的共同意志。因此，基于伙伴关系的志愿服务团队，他们的成员因为共同的目标主动凝聚在一起，他们的关系将更加紧密，也会表现出更强的凝聚力。

（4）在承担共同责任方面，架构 B 所对应的团队的某些行为可能只是领队的一意孤行，或者很多行为很有可能在还没有达成共识的情况下就按照领队的意志在执行，这样不仅不利于团队成员主动去为这些行为承担责任，还会影响成员与领队之间的依赖和信任关系。相反，架构A则保证了团队的行为基本上都是在达成真正共识的基础之上执行的，这些行为是在所有成员共同参与基础上提出的，同时也是在他们的共同支持下实施的。所以，团队成员也就更愿意主动去对团队的行为负责，尤其是在志愿服务团队中，志愿者因为共同的目标主动参与团队的任务，他们更愿意与其他成员共同承担团队的责任。

综合上述分析，志愿服务团队的搭建应该基于伙伴关系原则的团队架构，即图9-1所示的架构A，但这并不意味着架构B完全不可取。架构只是关系的外在体现，而关键和本质在于关系，也就是说，志愿服务团队追求团队成员的伙伴关系，而不仅仅只是这样一个框架，在架构A中可能暗含着层级关系，同样，在架构B中也可能隐藏着伙伴关系。所以，志愿者不应只是按照架构A去搭建团队，更关键的是团队成员的表现应该自内而外反映出这样的结构。

9.3　志愿服务项目的执行

9.3.1　团队成员职责

基于前面的团队架构，志愿服务团队包括领队、副领队、宣传委员、组织委员和招募委员共5位成员。在明确志愿服务团队的职位之后，更重要的是了解各个职位的职能，这是团队工作正常而有序开展的基础和前提。下面将按照志愿服务项目的执行阶段分别对各类成员的职责展开描述。

1. 志愿服务项目领队/副领队的团队职责

（1）志愿服务之前

● 联系公益机构等；

● 活动准备等；

● 志愿者招募；

● 从公司CSR负责人处领取相关物料。

（2）志愿服务期间

● 负责活动现场的参与者签到；

● 跟踪记录志愿服务小时等；

● 拍照。

（3）志愿服务之后

● 在志愿服务小时汇报模板中录入和整理志愿者信息（工号、姓名、志愿服务小时），然后以邮件方式发送到公司相关负责部门，并抄送给所有的活动参与者；

● 若有需要，撰写活动故事、报道或提供资料给 PR（公共关系）部门；

● 召集简短会议，评估活动；

● 如有活动费用应及时提交报销。

备注：①副领队协助领队共同履行上述职责；②当志愿服务项目较小而不需要 5 名成员时，可以由一个人同时承担多项职务。

2. 志愿服务项目招募委员的团队职责

（1）志愿服务之前

● 与宣传委员协作，编辑招募文字信息；

● 收集志愿者信息；

● 学会使用不同的招募软件，如"灵析"、二维码扫描报名等；

● 在餐厅或者员工流动量大的地方摆设展台，宣传招募志愿者；

● 为有疑问的员工答疑。

（2）志愿服务期间

● 与组织委员协作管理实际签到等事务。

（3）志愿者服务之后

● 与组织委员协作管理，把实际的志愿者数据提供给组织委员。

3. 志愿服务项目组织委员的团队职责

（1）志愿服务之前

● 负责与 CSR 等其他部门沟通；

- 招募志愿者；
- 回答员工可能提出的疑问；
- 整理志愿者信息并告知注意事项；
- 安排好交通等；
- 出发前签好志愿服务免责条款。

（2）志愿服务期间

- 提前到达活动现场准备物料；
- 准备好医疗急救箱；
- 志愿者签到。

（3）志愿服务之后

- 整理志愿活动信息并汇报；
- 报销等。

4. 志愿服务项目宣传委员的团队职责

（1）志愿服务之前

- 负责、参与海报设计；
- 与 CSR 和 PR 部门沟通。

（2）志愿服务期间

- 采访志愿者；
- 拍照；
- 录像（短视频，如抖音、微信 9 秒等）。

（3）志愿服务之后

- 若有需要，撰写活动故事、报道或提供资料给 PR；
- 如有需要，参与编辑视频指导；
- 保存好活动资料（文字、图片和视频等）。

9.3.2 志愿服务项目汇报

在整个志愿服务项目当中，项目的汇报也具有重要的意义，它关乎整个项目能否取得一个完美的结果。因此，下面将对志愿服务项目的汇报流程进行简要的展示，以便志愿服务团队能做一个理想的项目汇报。

第一步：

填写"志愿服务报告模板"（如表 9-1 所示）。

第二步：

在项目结束一周内发送下列文件给志愿服务项目负责人，同时抄送 CSR 相关部门和所有志愿活动的参与者邮箱：

（1）"志愿服务报告模板"；

（2）活动相关照片；

（3）合作伙伴（公益机构）文件（如有，请提供）。

第三步：

对于认证活动的小时数，如发现任何与"志愿服务手册"不符之处，志愿服务项目负责人将在一周内拒绝该报告并与志愿者领队联系。

表 9-1 志愿服务报告模板

志愿者活动报告模板	
志愿服务项目名称	
志愿服务开展日期	
报告人	
参与志愿服务人数	
合作伙伴	
主要服务内容	
主要服务成效	
服务反思	
志愿服务小时数记录	

表9-1(续)

工号	姓名	直接服务时长	间接服务时长

备注：表9-1所提供的模板仅供参考，志愿服务团队可根据组织和项目的具体要求进行调整。

9.3.3 志愿服务团队组建注意事项

根据实践经验，志愿服务团队组建应注意以下事项：

（1）领队和副领队，不要有自己其他的志愿服务团队，除非有带领不同的志愿服务团队的能力。

（2）志愿服务团队成员，最好不超过5人，有2人就可以开始。

（3）组织委员、宣传委员、招募委员可以建立自己的团队，原则上也不超过5人。

10 企业志愿服务领队能力建设

谈企业志愿服务领队能力建设，离不开个人领导力风格。

个人领导力风格测试对于领队能力的提升具有重要作用，它可以帮助志愿服务领队了解自己的领导力风格、各种领导力风格的强项和弱项。在此基础上，领队还需要学会在团队工作过程中领导不同行事风格的其他成员，并了解如何为团队提供支持性的领导。

10.1 个人领导力风格测试

领导力风格的测试作为建设志愿服务领队领导力最重要的环节之一，也是一切工作开始的基础和前提，只有了解了自己的领导力风格，才能在志愿服务工作中扬长避短，并友好地与其他团队成员相处，推动团队志愿服务项目顺利开展。接下来就请通过下面的问卷来测试一下自己属于设计者/开发者（designer/developer）、激励者/影响者（motivator/influencer）、协作者（team builder）和执行者（implementor）中的哪一类领导力风格吧！

测试说明：

（1）在每一组中，都有十个句子。在这四十个陈述性的句子中，请视情况画圈：1（这句话所描述的就是我）；2（这句话所描述的情形有时候和我很像）；3（这句话所描述的并不是我）。请不要略过任何一题。

（2）完成问卷以后，请翻到后页的计分表。在每一组中，计算你一共有多少次圈了"1"，将这个数字写下来，就是你这一组的得分。

（3）根据你圈"1"的次数为这四组进行从多到少的排序。分数最大的那一组就是你的主要风格倾向。其他如果有一组或几组的分数大于或等于5的，那就是你的第二倾向。

（4）请不要在每条论述上花太长时间。这种测试中，通常你的第一反应是最准确的。

（5）确保你对每条的反应是基于你的实际情况，而非你认为自己应该或想要成为的情况。

第1组

1. 我能够比别人更快地看到全局形势。			
2. 我喜欢让事情很快发生。			
3. 我并不擅长处理细节。			
4. 我时常会对现状提出质疑。			
5. 必要的话，我会进行掌控，好让事情发生。			
6. 有时候，我觉得很难进行团队合作。			
7. 有些人说我不是一个很好的聆听者。			
8. 当我的工作变得常规化后，我常常会感到厌倦。			
9. 当别人拒绝我的想法时，我会感到很沮丧。			
10. 我喜欢挑战和变化——越多越好。			

第2组

1. 我能够激发周围人的热情。			
2. 当我不受其他人控制时，我发挥得最好。			
3. 我常常把人的重要性放在事情之前。			
4. 我觉得管理时间很难。			
5. 人们喜欢和我在一起。			
6. 当别人与我发生分歧时，我会倾向于认为这是针对我个人的。			
7. 我并不擅长处理各种事情和细节化的工作。			
8. 我觉得表达自己的想法和感觉很容易。			
9. 当我感觉到自己受其他人喜欢时，这会让我发挥得最好。			
10. 我能够有效地激励他人一起共事。			

第 3 组

1. 人们说我有耐心、会谅解人。			
2. 人们说我很容易相处。			
3. 我是个很好的倾听者。			
4. 对我来说，人与事情项目同等重要。			
5. 当我在一个大家都和睦共处的环境中时，我发挥得最好。			
6. 当我的工作环境很稳定和安全时，我的效率最高。			
7. 当别人告诉我他们很欣赏我时，我会发挥得最好。			
8. 太多的变化会让我感到受威胁。			
9. 我的上司能够信任我的忠诚。			
10. 我会竭尽所能地帮助身边人，满足他们的需要。			

第 4 组

1. 如果给我一个任务，我一定会执行。			
2. 我的强项之一就是关注细节。			
3. 如果某项工作值得做的话，我一定会好好地做。			
4. 我需要知道别人对我有什么期待。			
5. 在了解所有的事实之前，我不想做决定。			
6. 我觉得表达自己的感觉很难。			
7. 我是一个小心谨慎的人，不愿意冒风险。			
8. 在政策和方针都允许的范围内，我会运作良好。			
9. 当我的表现达不到标准时，我会很挑剔。			
10. 人们常常会好奇，我到底在想些什么。			

计分表

组别	第 1 组	第 2 组	第 3 组	第 4 组
得分				

10.2 领导力风格的特征

领导力风格的特征如表 10-1 所示：

表 10-1 领导力风格的特征

分组号	1	2	3	4
领导力风格	设计者/开发者	激励者/影响者	协作者	执行者
领导特征	会进行掌控，敢于接受挑战、做出改变，使事情变得更为有效	会去激励和影响他人，一同合作，以取得重要成果	会欣然与人合作，一起带领他人执行使命和计划	能够卓越地执行使命和计划，并且注重细节
渴望周围的环境能让他/她：	有个人的自由、权力和多样性，让他/她有机会去应对棘手的任务和预期的风险	所付出的努力被认可；有友善的人际关系；不受控制、不需要注重细节；给予机会去激励和帮助他人；自由地表达想法	发挥个人专长；有群体认同感；有固定的工作模式；有安全感；有清楚的目标和职务说明	专业化、精确、预先计划、安全、稳定、完成任务
他们希望别人：	给他们直接的答案、专注事务、跟上节奏	友善、通情达理；欣赏他们；认可和接纳他们	像朋友一样；给他们时间去适应变化；给他们自由，能够以自己的节奏工作；支持他们	让他们放心；维持互相支持的氛围；明确方法和标准；认可他们所做的贡献和价值
在相同风格的人眼里	重要的、果断、独立而且效率很高	富有激励性，满腔热情，开朗而且风度翩翩	给人支持的、乐于助人、可以依靠和信赖的、令人愉快的	考虑周到、有毅力、有条有理、严肃而且勤勉
在不同风格的人眼里	咄咄逼人、对别人毫不关心、自私自利	容易兴奋过度、说话喋喋不休、效率低下并且过于敏感	循规蹈矩、胆小怯懦、缺乏想象力、慢吞吞的	缺乏远见和想象力、优柔寡断
一些可取的行动	●学习去倾听，有耐心 ●不要太独断专行 ●让你的同事知道你注意到他们，并且看重他们的付出 ●解释事情为什么是这样	●对时间要更为敏感，要以结果为导向 ●在支持自己的判断时要更加勇敢 ●对个人化的批评不要太敏感	●要更关心总体的愿景 ●要勇敢面对困难，更加果断 ●学习更加坚定、自信 ●学习提出新的想法	●关注全局或者总体目标，并且专注其上 ●把属于第1、2、3组风格的人招募到团队中来 ●对于管理这些人要有安全感 ●使用自己的权力

　　不同领导力风格的个人会表现出不同的领导特征，并且他们对所适应的环境和他人的要求也有差别。表 10-1 对四种领导力风格从四个方面进行简要的解释，然后描述了在相同风格的人眼中和不同风格的人眼中四种领导力风格的领导是什么样的形象，最后针对各种领导力风格提出了一些可取的建议去平衡不同风格的个人之间的不协调。

四种领导力风格都有其优点和缺点，具体如表 10-2 所示。

表 10-2 四种领导力风格的优缺点

领导力风格	设计者/开发者	激励者/影响者	协作者	执行者
优点	果断 独立 高效 注重实际 坚定不移	善于激励 热情 充满激情 外向 有魅力	会给人支持 乐意配合 可靠 值得信任 令人愉快	一丝不苟 坚持不懈 有条理 认真严肃 勤勉
缺点	严厉 激进 控制 苛刻 强硬	容易激动 任性 反应过激 有操纵欲 常说没用的话	比较顺从 不灵活 有依赖性 进度缓慢 容易退让	爱挑剔 拘谨 寡断 吹毛求疵

10.3 团队中的领导力风格

第九章已经对团队的定义进行了详细的描述，团队是由两人或两人以上所组成的相互依赖和信任，并为实现一个共同的目标或使命而工作的集体，每个成员在团队中扮演中自己的角色，具有自己的风格和特征。定义指出，团队包含着各种风格的成员。因此，作为团队的领队，学会如何与团队其他成员相处、沟通以及如何领导他们对于团队工作的顺利开展具有重要意义。表 10-3 针对领导力风格改进提出了一些建议。

表 10-3 四种领导力风格改进建议

	设计者/开发者	激励者/影响者	团队带领者	执行者
如何 沟通	1. 从结果/利益开始，只提供必要的细节 2. 反应敏捷并直指要点 3. 挑战他们	1. 要积极、友好 2. 称赞他们 3. 肯定他们的自我价值 4. 给他们一种"我需要你"的感觉	1. 利用友谊 2. 轻松随和 3. 行事低调 4. 不要催促 5. 让他们按自己的步调做出响应	1. 给出清楚的事实 2. 客观地表达看法 3. 不要仓促 4. 做事周到彻底

表10-3(续)

	设计者/开发者	激励者/影响者	团队带领者	执行者
怎样劝说	1. 关注结果，从结果谈起 2. 这样回答他们的问题："这样做有什么益处？"	1. 动之以情，晓之以理 2. 分享一些重要人物的见证 3. 这样回答他们的问题："还有谁曾这样做过？"	1. 与他们友好相处 2. 花时间和他们在一起 3. 这样回答他们的问题："为什么你想要改变？"	1. 对他们来说，把事情做得正确是很重要的 2. 一步步向他们演示该怎样做 3. 这样回答他们的问题："你希望我怎么做？"
怎样领导	1. 给他们一些任务，但让他们自己决定怎样做 2. 给他们管理权，让他们负责一些事情	1. 向他们咨询或与他们一起探讨某些想法、项目和人 2. 在他人面前肯定他们的努力 3. 让他们做得开心	1. 一起合作很重要 2. 维护彼此的关系 3. 让他们清静——把冲突最小化	1. 怎样以更好的方式做事很重要 2. 随时恭候，与他们紧密合作 3. 给他们时间把事情做得正确
怎样提出不同意见	首先同意他们的想法，然后问他们："你为什么认为这是最好的办法？有没有想过用其他办法达到目的？"	同意他们的想法，让时间来验证一切。他们对许多事都感到兴奋，所以会转而关注别的事	花时间说服他们相信，意见不一致并不会破坏彼此的关系	收集事实。他们不会为动情的恳求或口头的劝说而动摇

　　除了了解如何与团队成员相处之外，一个团队的领队，清楚自己在哪些方面会对其他成员造成不必要的压力也非常重要（见表10-4），因为领队所做的事或者没有做的事可能会让其他成员感到紧张，从而影响他们的工作状态。

表 10-4　团队领队可能对成员造成压力的行为

领队的风格	成员的风格			
	设计者/开发者	激励者/影响者	协作者	执行者
设计者/开发者	你过度控制局面的倾向，可能会削弱他人控制局面的自由和能力	你一方面过于关注结果，另一方面又不关心周围环境是否有激励作用	你没有花时间倾听。你把时间看得比彼此的关系更重要	你做事迅速但是不够细致，你喜欢冒险
激励者/影响者	你做事不看成效的倾向。你感情用事、讲话滔滔不绝	你有被人注意的渴望，特别是如果那能减少别人对其他人的关注	你和别人的关系缺乏深度。做事匆忙	你对细节缺乏关注，容易冲动

表10-4(续)

领队的风格	成员的风格			
	设计者/开发者	激励者/影响者	协作者	执行者
团队带领者	你有不愿改变和优柔寡断的倾向	你慢条斯理的行事习惯和缺乏激情的心态	你缺乏主动,尤其是在他们不得不采取主动时,你更是如此	你对人的关注多于对工作的投入
执行者	你进度缓慢,重视条理。有不愿冒险的倾向	你对细节关注,缺乏主动性	你不愿让他人知道你的感受	你希望自己比别人都正确

　　为了更好地帮助领队与不同风格的团队成员相处,图10-1提供了一些灵活的小技巧。与不同个性的人相处时,可以采取灵活的方法。

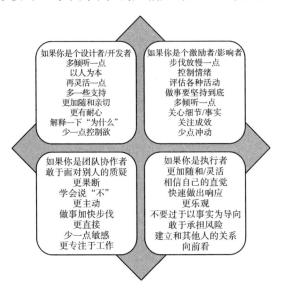

图10-1　领队与不同风格的团队成员相处的技巧

　　最后,任何一个团队的领队都必须学会提供支持性的领导。具体而言应做到以下三点:

　　第一,要了解自己天然的领导力风格和各种倾向。天然的领导力风格就是通过问卷测试得到的领导力风格,这是在通常情况下自己的领导力风格。各种倾向就是在一些特殊情况下自己可能会转变成那些不同的领导力风格。

第二，在天然的领导力风格和团队的需求和情况之间建立长期的匹配。通俗而言就是说要清楚自己的领导力风格更适合何种类型的工作，更擅长做哪些工作，对哪些工作更有把握。

第三，学会调整自己的风格来适应不断变化的环境。这一点要求在面对一些不得不变换领导力风格的情况下，领队自己能够顺利完成领导力风格的转变以适应这些特殊情况。

10.4　领导力风格总结

本章提出了个人领导力的四种风格，他们分别是设计者/开发者领导力风格、激励者/影响者领导力风格、协作者领导力风格以及执行者领导力风格。具有不同领导力风格的个人对人、对事的态度不一样，处理问题、开展工作的方式也存在明显的差异。

根据有关机构的调查，在大众中，协作者领导力风格和执行者领导力风格的群体占70%左右，而设计者/开发者领导力风格的群体的比例只有5%左右。这一结果并不意味着某一种领导力风格就比另一种领导力风格拥有优势，相反，这里想强调的是四种领导力风格并没有绝对的优劣好坏之分。

尤其对于一个团队来讲，由于团队成员的多样性，只有领导好整个团队，根据工作的类型用对正确的人，才能胜任相似类型的工作，只是在不同的情境之下，由于工作任务不同，可能团队领队最合适的领导力风格会不同。通俗来说，协作者领导力风格的领队可能更适合稳健性工作，而设计者/开发者领导力风格的领队可能更适合创新性工作。然而，协作者领导力风格的领队同样可以带领团队的设计者/开发者领导力风格的成员完成创新性工作；反之亦然。

对于志愿者团队而言，这种差别显然更加微不足道，因为不同志愿服务项目之间的差别在创新性和稳健性等方面的区分更小，所以领队的领导力风格的重要性也不值一提。因此，对于完成团队工作特别是志愿服务工作而言，任何领导力风格的成员都有资格担任团队领队，也同样能顺利完成团队工作。

此外，需要特别注意的是，通过本节中的测试得到的领导力风格只是在一般情况下个人的领导力风格，它不是一成不变的。当面对一些特殊的情况或者处于特别的情境当中，个人的领导力风格可能会发生巨大的转变。比如说，一向循规蹈矩的协作者领导力风格的个人可能突然在某种情况下变得十分激进、冲动、不计后果。这种转变可能是主观因素导致的，也有可能是客观条件所致，具体原因这里不再做过多阐述。但有一点需要明确的是，有时候他们可能只是为了更好地完成工作而主动转变领导力风格。比如说为了更好地完成极具创新性的工作，协作者领导力风格的领队可能强迫自己暂时以设计者/开发者的领导力风格领导团队。

总体来说，在一个志愿者团队中，不但需要了解自己和其他成员的领导力风格及优缺点，还需要清楚如何与不同领导力风格的成员相处、共事，最重要的是，要欣然接受其他成员不同的领导力风格。同时，要明确两个要点：个人的领导力风格并非绝对固定不变的；领导力风格没有优劣之分。

11　企业如何与公益机构合作

企业开展志愿服务，除了从企业内部提升企业开展志愿服务的能力之外，寻找合适的合作伙伴也非常重要。公益机构作为以增进公共福利为宗旨的非营利组织，将是企业在志愿服务领域中的一个重要的合作伙伴，也是企业重要的利益相关方。一个靠谱的合作伙伴可以实现两者资源、优势的互补，并展现企业高度负责的公众形象，从而有助于企业及其志愿服务项目的可持续发展。本章将围绕企业与公益机构的合作，从企业为什么要与公益机构合作、企业与公益机构合作的基础以及企业如何与公益机构合作三个方面展开。

11.1　企业为什么要与公益机构合作

11.1.1　可以减少企业参与公益事业的成本，增加企业的社会资本

从资源获取的角度来看，企业与公益机构在公益事业领域中的良好合作，对于企业来说有以下两方面的好处。

一方面，对企业员工而言，企业与公益机构合作，可以学习公益领域的专业知识并积累相关的经验，从而提高组织的公益效率，提升员工志愿者的服务水平；可促进员工与员工之间、部门与部门之间以及上下级之间的交流，进而提升公司的凝聚力；还能在潜移默化中提升员工志愿者的工作能力；同时，跳出"单位人"的身份局限，扮演"社会人"或"公益人"的角色也能使员工体会到自我满足与自我实现，从而提

高其工作积极性与企业认同感。

另一方面，对企业自身而言，通过与有良好社会声誉和公众认同的公益机构合作，可以获取志愿活动开展的必要知识。比如，帮助员工了解志愿者的责任和权利，感知受助人群的基本情况和特点，使员工和企业高层在服务目标和要求上达成共识，在整个过程中公益机构还可以利用自身的专长为企业及其志愿者答疑解惑，提高企业志愿服务的水平；可以节省公司对公益活动前期和后期的人员、时间和精力投入，从而实现不同性质的组织的优势互补；还可以整合公益机构的其他项目和活动资源，形成规模效应；可以减少和降低社区摩擦和沟通成本，有利于公司更好、更快地融入当地社区并促进企业的本土化进程；可构建良好的企业生态环境，并以公益机构等非营利组织为节点，与当地政府、社会群体建立联系，从而嵌入广泛的社会网络之中，从中获得独特的关联优势，以获得机构性和政策性方面的支持；等等。

11.1.2 可以让合作的志愿服务项目更专业一些

以天齐锂业为例。天齐锂业重视与公益机构的积极合作与沟通，2019年共与9家公益机构合作，累计合作17次。

其中又以成都分部志愿服务为例。2019年，天齐锂业成都分部与成都根与芽机构合作开展"我的锂想环境季——'天水一色'水地图主题志愿服务"，该活动关注社会热点议题——环境保护及生物多样性；选择公益机构作为专业技术指导支持，参与品牌志愿服务活动，从生物多样性认知与保护角度，提升员工志愿者相关专业技能，并传播环保公益理念，形成多赢合作模式。

再以戴尔为例。戴尔科技集团在教育领域长期与青年成就（Junior Achievement）、杉树计划、创行中国、工科女生论坛等非营利组织合作，利用非营利组织在高校的影响力，发挥企业志愿者所长，广泛参与各个公益项目，为学生提供职业生涯规划、商业顾问、职场见习等志愿服务。

11.1.3　可以使被帮助的人群在公益机构的跟进中更全面和长效一些

以天齐锂业为例。天齐锂业志愿者张家港分部与张家港本地"百姓公益"合作，在张家港市德积小学开展"我的锂想教育季——女童保护志愿服务项目"。该项目开展之前，没有相关公益机构切实执行"女童保护"相关项目或活动；项目实施结束后，女童保护理念深入校园，"百姓公益"也因此获得相关经验，在天齐项目结项后，持续关注项目受益人并开展女童保护相关项目；天齐员工志愿者也因该项目而积极参与相关活动并考取"女童保护"资格讲师。

再以戴尔为例。戴尔科技集团在社区服务领域与善工家园和第二人生等公益机构建立了长期的合作关系，整合公益机构的资源，为需要帮助的特殊儿童群体提供长期的可持续的志愿服务。

11.2　企业与公益机构合作的基础

在明确为什么企业在志愿服务方面要与公益机构合作之后，再进一步考虑企业与公益机构合作需要具备怎样的基础。关于这一点，本小节将运用手指理论（见图11-1）来分析为了实现企业与公益机构的良好合作，需要具备怎样的基础条件，或者说需要考虑哪些方面的问题。

手指理论模式揭示了企业与公益机构合作需要具备的5个前提，分别对应一只手的5根手指，故称为手指理论。

图 11-1　手指理论

第一，大拇指代表政府或相关政策，最有力量，因为公共福利最大化是政府的基本职能。

企业与公益机构合作首先需要考虑的是政策要求，企业与公益机构开展志愿项目方面的合作至关重要，如果与政府脱离，将可能在很多方面受限，因为在具体的实践过程中，需要与政府机构积极沟通。因此，如果在一开始就让政府参与进来，即便只是形式上的参与，对项目的顺利开展也会带来很大的便捷。

在特别环境下，政策要求的影响往往超过其他因素，因此，政府这一要素用手掌中力量最大的拇指表示。

第二，通常我们用食指指方向，代表愿景。

企业与公益机构要想建立良好的合作关系，需要拥有相同的愿景。

愿景表明的是一个组织对于未来发展方向的一种期望，体现了组织长期发展的方向、目标、理想和愿望。因此，企业与公益机构以相同的愿景作为双方的合作基础，将更有利于二者长期开展合作，并且在为相同的愿景贡献力量的同时，也将进一步强化志愿服务项目的影响力、提升志愿服务的社会价值。这方面较为典型的一个案例就是可口可乐在水资源保护方面与相关机构的战略合作。可口可乐（中国）始终坚持把业务与社区的繁荣及环境的美好最大限度地结合，因此它们参与和水相关的项目，这是最能发挥它们核心业务优势的领域。在这样的基础之上，可口可乐（中国）与它的战略合作伙伴中华人民共和国商务部中国国际经济技术交流中心、联合国开发计划署（The United Nations Development Programme，UNDP）和世界自然基金会（World Wide Fund for Nature，WWF）开展了十余年的长期合作，提前六年完成了100%水回馈的目标。

第三，中指最长，而且置于中间，显示出联合，代表共享价值。

企业注重商业价值，而公益机构注重社会价值，因此，只有当企业与公益机构的合作形成商业价值与社会价值的交集时，也就是在能够创造共享价值的前提下，二者的合作才能顺利，也才能稳定地开展。而且，往往企业在与公益机构开展合作时，它们的共享价值相对较为突出，因此，用最长的中指来表示共享价值。

举例来讲，在非洲有个矿泉水企业，其市场销售一直不是非常理想，他们看到非洲很多地方特别需要水，而且很多公益机构在做非洲水窖项目，因为他们没有盈利，经济效益不是很好，也很难去支持，所以处于有心无力的状态。

后来，企业想到了一个办法，把矿泉水瓶只装一半的水，仍然卖同样的价格，承诺消费者另一半水的价值将捐赠给非洲水窖项目，帮助非洲缺水的人民。这一公益营销让这家企业的产品一下子打开了市场，赢得了消费者的价值认同。

这个例子非常典型，企业把商业价值和社会价值融合，找到了共享价值。

第四，无名指，围绕中指"共享价值"，故在志愿服务中，用无名指代表NGO。

实际上，与企业合作的公益机构往往与企业在合作之前就存在某种联系，这种联系往往以志愿服务团队的领队为纽带。这些志愿者领队常常与一些NGO有联系，与一些公益机构有交集，而企业在选择要与之合作的公益机构时，往往要利用到志愿服务团队领队与这些NGO或者公益机构的关系，直接或者间接地联系到目标公益机构，即要合作的公益机构。而且，这种联系在某种意义上是不可缺少的，不然双方不了解，可能会给企业与公益机构之间的合作带来很多阻碍、提高合作的成本。用无名指表示这一条件，正是因为这一要素容易被忽视。

第五，老师在写粉笔字的时候，通常小指头会翘起，这其实就有评估粉笔字要写多大、衡量板书是否整齐的作用。我们看看这个手势，就会联想到评估。

之所以用小指头代表评估，因为会发现小指头对于整只手掌来说，往往起到一个评估、衡量的作用。当我们使用手指去拿东西的时候，小指头往往会一定程度地翘起，这其实就是其发挥评估或者衡量作用的表现。评估作为五大基础要素中的最后一个，其作用体现在不论是一开始在选择合作对象时还是后期对项目进行评估，对于企业志愿服务的开展都必不可少。

如何从企业的角度去评估志愿服务，在后面第 12 章会详细描述。

总而言之，企业在与公益机构合作时，需要考虑的要素可以通过上述提出的手指理论来理解，并将其付诸实践，以此为后期的合作奠定良好的基础。

以戴尔科技集团为例。作为一家科技企业，戴尔科技集团携手中国青少年发展基金会，通过"希望工程"科技助学专项公益项目，每年向偏远地区小学捐赠"戴尔学习中心"，有效提升学校的信息化教学水平，让更多青少年享受更加优质均衡的教育资源。

戴尔科技集团最悠久的社会影响计划之一是太阳能学习实验室。戴尔已资助 21 个太阳能学习实验室，这些实验室是用货运集装箱建造的，配备了太阳能电池板和 Dell 技术。这些实验室为位于世界各地缺少可靠电网的地方数以千计的学生提供了数字化学习条件。戴尔计划到 2030 年在全球建立 100 个这样的实验室。为了加快实验室的部署，戴尔正在通过非营利合作伙伴 Computer Aid 启动新的融资模式，通过新的融资模式，戴尔客户现在可以通过 Computer Aid 资助该项目。

11.3 企业与公益机构合作的方式

在开展志愿服务时，企业与公益机构的合作实际上更多的是企业志愿服务团队与公益机构的合作。所以，企业为其志愿服务团队与公益机构的合作奠定平台基础，而志愿服务团队通过与公益机构积极开展合作巩固企业与公益机构的关系，从而促进企业与公益机构的长期合作。总而言之，企业与公益机构的合作离不开企业的志愿服务团队。

此外，建立社区顾问委员会，其中成员有企业的战略公益合作伙伴，这也是保证企业与公益机构合作项目成效的重要前提。社区顾问委员会是推动地区性慈善公益生态圈形成和发展的关键，它将企业的利益相关方凝聚在一起，对企业的志愿服务项目的开展具有重要的指导性意义。同时，社区顾问委员会又可以作为企业寻找可靠合作伙伴的重要桥梁。在此平台上，志愿服务领队有机会结识或引进一些公益机构代表，形成有效的社区项目，并以此为基础，一步步地实现企业与公益机构的合作。

12   企业如何评估志愿服务项目

对企业志愿服务进行系统评估是完善、监督企业志愿服务的重要举措。随着我国志愿服务事业快速发展以及人们对企业志愿服务的要求变得越来越高，企业对志愿服务项目进行评估显得特别重要。下面将从企业志愿服务项目评估的定义、企业志愿服务项目评估的重要性、企业志愿服务项目评估的方法、企业志愿服务项目评估的主要依据进行详细的阐释。

12.1   企业志愿服务项目评估的定义

企业志愿服务项目评估是指通过建立一套较为完善的评估体系，对企业志愿服务项目进行诊断和评估，以判断企业志愿服务的组织管理质量、项目管理质量和项目的社会影响，及时发现企业志愿服务中存在的问题，保证企业志愿服务项目规范运行并产生良好的社会影响。

12.2   企业志愿服务项目评估的重要性

从某种意义上讲，没有评估就没有管理，项目评估是项目管理的关键环节。对项目目标的完成情况、项目执行过程、项目成效、项目管理能力进行系统、客观的分析，是促进企业项目开展、评估项目实施成效的重要手段，也是权衡一个项目是否具有可持续性的重要标准。具体而言，企业志愿服务项目评估的重要性主要体现在以下几个方面：

12.2.1 提高企业志愿服务项目实施的科学性

企业通过对志愿服务项目进行评估，可以了解项目立项的科学性、实施的必要性和可行性，并对项目实施的及时性及其与服务对象需求的融合度进行总结。在开展企业志愿服务项目之前，评估是检验这个项目是否值得开展的重要手段，评估还可以确定该项目是否具备相关的执行条件以及能否取得预期的社会效益。基于此，企业在开展志愿服务项目评估之前，对项目的需求、可行性和必要性进行评估十分重要。

12.2.2 提高企业志愿服务项目实施的规范性

企业通过对志愿服务项目进行评估，不仅可以了解该项目的开展和实施是否按照科学的规划和目标进行，而且还可以对项目执行过程和各项服务内容进行考核。企业对项目的开展和实施过程进行评估，即企业通过对志愿服务项目的开展过程进行全面、系统的评估，可以及时把握项目的开展是否与项目的前期规划相符，项目有没有按照前期规范在实施运行，项目开展的内容是否与计划一致。

12.2.3 检验企业志愿服务项目实施的社会效果

企业通过对志愿服务项目进行评估，可以了解该项目实施的结果和效果，即项目实施涉及的领域、服务覆盖的范围、项目开展的质量、服务满意度和社会影响力。一般而言，对企业志愿服务项目实施的结果和效果进行评估，其内容主要包括：①检验项目是否如期完成预期目标；②检验项目通过哪些方面来实现预期目标；③检验项目开展所涉及的范围和领域；④检验项目开展实施的覆盖对象；⑤检验项目开展的质量；⑥检验服务对象的满意度；⑦检验项目开展所产生的社会影响。

12.2.4 总结项目实施的模式

企业通过对志愿服务项目进行评估，可以总结项目开展和实施过程的经验与不足，从中提炼项目的有效运作模式，为项目的可持续性运作以及其他类似志愿服务项目的开展实施提供科学依据。对项目的可持续性方面的评估，即在综合评估项目开展的各方面情况之后，进一步权衡项目是否产生了预期的效果，是否为服务对象提供了可以采用的方式，是否为企业开展项目提供了经验，是否对类似项目有借鉴和启发作用，是否能够进一步争取和整合有关资源和职能，是否进一步在该领域开展志愿服务项目。

12.3　企业志愿服务项目评估的方法

从方法论上来讲，企业志愿服务项目评估方法主要包括专家评议法、层次分析法、逻辑框架法、对比分析法、相关分析法、因子分析法、成功度分析法、综合评价法等。

1. 专家评议法

专家评议法由参与评议活动的专家和他们用来评估项目的标准构成。评议专家的选择要考虑诸多因素，例如他们的专业技术水平、研究领域、分布区域以及个人品质、职业道德等。一般来讲，评议专家应具备以下基本条件：有较高的志愿服务学术水平、敏锐的科学洞察力和较强的学术判断能力；熟悉被评项目的研究内容及相关研究领域的国内外发展情况；学风严谨、办事公正、热心志愿服务事业。

2. 层次分析法

层次分析法是将与决策有关的元素分解成目标、准则、方案等层次，在此基础之上进行定性和定量分析的决策方法。值得注意的是，人的主观判断、选择对使用该方法进行分析的结果影响较大。但是，由于企业志愿服务项目的复杂性和社会性，志愿者的实践和经验显得尤为重要，此方法比较适合该项目的项目评估。

3. 逻辑框架法

逻辑框架法是将几个内容相关、必须同步考虑的动态因素组合起来，通过分析其间的关系，从设计策划到目的、目标等方面来评估一项活动或工作的方法。该方法可以为项目制定者和评估者提供一个分析框架，用以确定工作的范围和任务，并通过对项目目标和达成目标所需手段进行逻辑关系分析。

4. 对比分析法

对比分析法分为前后对比分析法和有无对比分析法。

（1）前后对比分析法：将项目实施前与项目实施后的实际情况加以对比，测定该项目的收益和影响。

（2）有无对比分析法：在项目的实施区域内，将项目实施后的实际效果和影响，同如果没有这个项目可能发生的情况进行对比分析。

5. 相关分析法

相关分析法是指在进行项目评估时，研究对象变量之间关系的紧密程度，并用相关系数或相关指数来反映的方法。

6. 因子分析法

因子分析法是从众多的原始变量中构造出少数几个具有代表性的因子变量的分析方法，这里面有一个潜在的要求，即原有变量之间要具有比较强的相关性。

7. 成功度分析法

成功度分析法，即打分法，是对项目实现预期目标的成败程度给出一个定性的结论的分析法。成功度是对成败程度的衡量标准。

8. 综合评价法

企业志愿服务项目中的综合评价法是对志愿服务项目中多种因素所影响的事物或现象进行总的评价。该方法是根据评估各项指标的评价结果对计划、项目或政策做出一个最终的评价结论。这种方法对于企业志愿服务项目的整体评估有较大的作用。

12.4 企业志愿服务项目评估的主要依据

企业志愿服务项目评估，应依据一些维度进行，以产生深远的影响。首先，以英特尔为例，具体介绍如何进行企业志愿服务项目评估。然后，基于问卷调查的数据阐释如何进行企业志愿服务项目的评估，形成企业志愿服务项目评估框架。

12.4.1 英特尔的企业志愿服务项目评估

以英特尔成都为例，介绍企业志愿服务项目如何进行项目评估，如表 12-1 所示。

表 12-1 英特尔志愿服务项目评估示例

项目参与率		项目小时数		项目持续性		项目影响力	
参与率	赋权	小时	赋权	年数	赋权	范围	赋权
≥10%	5	3 000~4 200	5	≥10	5	国家-世界范围	5
8%~10%	4	2 100~3 000	4	8~10	4	省级范围	4
5%~8%	3	1 400~2 100	3	5~8	3	城市范围	3
2%~5%	2	700~1 400	2	2~5	2	当地社区范围	2
0~2%	1	0~700	1	0~2	1	自己组织范围	1

第一，确定企业志愿服务项目评估的维度。英特尔将企业志愿服务项目评估分为了 4 个维度——项目参与率、项目小时数、项目持续性、项目影响力。具体而言，项目参与率是指企业志愿服务项目参与的员工数占企业总员工人数的比率；项目小时数是指企业志愿服务项目的志愿服务小时总数；项目持续性是指企业志愿服务项目已经连续开展的年数；项目影响力是指企业志愿服务项目对社会的影响力范围。

第二，对各个维度进行具体的指标划分。例如，英特尔将项目参与率具体划分为 5 个指标，即 ≥10%、8%~10%、5%~8%、2%~5%、

0~2%；将项目小时数具体划分为 5 个指标，即 3 000~4 200 小时、2 100~3 000 小时、1 400~2 100 小时、700~1 400 小时、0~700 小时；将项目持续性具体划分为 5 个指标，即 ≥10 年、8~10 年、5~8 年、2~5年、0~2年；将项目影响力具体划分为 5 个指标，即国家-世界范围、省级范围、城市范围、当地社区范围、自己组织范围。值得注意的是，项目影响力指标划分应根据企业目标、企业志愿服务项目目标等因素灵活选择，英特尔的企业志愿服务项目影响力的指标划分可以作为参考。

第三，对各个指标赋予权值。例如，英特尔采用的是 5 点赋权，其他企业在具体的指标赋权操作中，可以根据实际的需要，合理选择赋权的分值，例如，也可以使用百分制赋权。

第四，依据上述评估标准，对企业志愿服务项目进行评估，根据评估结果，有针对性地发挥优势，改变劣势，形成良性循环，最终促进企业志愿服务成效的提高。

12.4.2　企业志愿服务项目评估的主要维度

对于企业而言，确定企业志愿服务项目评估的维度，对企业开展志愿服务项目评估工作至关重要。2020 年 12 月 4 日，四川省外资企业、国有企业和民营企业等 26 家①从事企业志愿服务相关工作的多位管理者，深度探讨了企业志愿服务项目评估的维度，共得出 23 个维度，如表 12-2 所示。其中，企业评估志愿服务项目最关心的 5 个维度依次是企业品牌宣传、项目本身的意义、员工的参与体验、被帮助者的受益程度、项目的可持续性。

---

① 具体包括国家电网、三峡集团等国有企业，天齐锂业等民营企业，德州仪器等外企，共 26 家企业。

107

表 12-2　企业志愿服务项目评估的维度

序号	企业志愿服务项目评估的维度
1	企业品牌宣传
2	项目本身的意义
3	员工的参与体验
4	被帮助者的受益程度
5	项目的可持续性
6	价值和意义
7	与自己产品或服务的关联度
8	企业志愿文化
9	加强与政府的关系
10	与当地社区的互动
11	上司的认可
12	与企业发展的契合度
13	在行业内的影响力
14	获取更多的客户
15	企业团队凝聚力
16	项目评估
17	有更多的人可以参与进来
18	项目设计符合 SMART 原则
19	服务对象范围的广泛性
20	增加与消费者的亲和度
21	媒体传播
22	使项目获得尽可能多的筹资
23	资金和人员的投入

　　"企业品牌宣传"通过企业志愿服务项目达到宣传企业品牌的目的，以扩大企业品牌的知名度。崔喜利（2002）经研究得出结论：企业品牌的社会形象，体现在知名度、信誉度和美誉度上。基于此，可以将

"企业品牌宣传"具体分为品牌知名度、品牌信誉度和品牌美誉度等指标。

（1）品牌知名度是指企业的产品、名称、宗旨、任务、方针、政策、规模等在公众中被了解的程度；

（2）品牌信誉度是指公众对企业及产品的信任程度，可通过媒介使社会了解企业及产品的信誉；

（3）品牌美誉度是指社会对企业的赞许程度。

"项目本身的意义"是指企业志愿服务项目本身对于企业、员工、受益方等利益相关者的意义。基于此，可以将"项目本身的意义"具体分为对企业发展的意义、对利益相关方的意义等指标。

（1）对企业发展的意义是企业志愿服务项目对企业的发展产生的积极影响；

（2）对利益相关方的意义是指企业通过开展志愿服务项目，对员工、受益方等利益相关方产生的积极影响。

"员工的参与体验"是指员工参与企业志愿服务项目的主观感受与体验，不仅可以用志愿服务小时数等客观指标来衡量，还可以使用员工的主观报告的方式来衡量。基于此，可以将"员工的参与体验"具体分为参与的积极性、参与的持续性和参与的满意度等指标。

（1）参与的积极性是指员工在整个志愿服务活动过程中态度、行为等方面的积极性；

（2）参与的持续性是指员工参与志愿服务的频率和贡献小时数；

（3）参与的满意度是指员工参与整个企业志愿服项目的满意程度。

"被帮助者的受益程度"是指企业志愿服务项目在实施和开展过程中是否真正对被帮助者起到了帮助作用。基于被帮助者的视角，可以将"被帮助者的受益程度"分为受益人群的广度、被帮助者的满意度等指标。

（1）受益人群的广度是指企业开展的志愿服务项目会对多少人群产生有益的影响。

（2）被帮助者的满意度是指被帮助者对企业志愿服务项目的满意

程度。

"项目的可持续性"是指企业志愿服务项目可以持续地发展，以产生深远的影响。基于时间的视角，可以将"项目的可持续性"确定为企业志愿服务项目持续开展的年数，持续开展的年数越多，表明项目越可持续性发展。

基于此，本书主要依据企业品牌宣传、项目本身的意义、员工的参与体验、被帮助者的受益程度、项目的可持续性这5个维度，进行企业志愿服务项目的评估。之所以选择以上5个维度，一方面是因为问卷调查频率最高，另一方面是因为"员工的参与体验"维度与英特尔评估志愿服务项目的"项目参与率"和"项目小时数"、"项目的可持续性"维度与英特尔评估志愿服务项目的"项目持续性"不谋而合，这在一定程度上也表明选取以上5个维度进行评估的科学性和合理性。如此可通过企业志愿服务项目评估，形成企业志愿服务项目评估框架，希望对企业的志愿服务项目评估有所帮助，并产生广泛的社会影响力。

下面详细阐释如何进行企业志愿服务项目的评估。

第一，选择企业志愿服务项目评估的维度。对于企业志愿服务项目评估维度的选择，可以参考表12-2所列的23个维度，根据企业志愿服务的目标，选择比较重要的评估维度。

第二，对选择的维度进行具体的指标划分。选择需要评估的维度之后，需要对各个维度进行具体指标的划分与阐释。

第三，根据每个维度的指标的重要性打分。如表12-3所示，根据每个维度具体指标的重要性，赋予1~5的分值。其中，"5"代表重要的指标，"1"代表不重要的指标。当然，也可以根据企业的需要灵活选择分值，例如百分制。

第四，赋予每个维度的指标具体的权重值。如表12-3所示，根据每个维度具体指标所占的权重，赋予0-1的权重值，0和1之间分为十个层级，依次为0.1、0.2、0.3、0.4、0.5、0.6、0.7、0.8、0.9、1。其中，"0.1"代表该指标所占的权重最小，"0.3"代表该指标所占的权重比较小，"0.5"代表该指标所占的权重稍微低于中等水平，"0.6"代表该指标的权重稍微高于中等水平，"0.8"代表该指标所占的权重比较大，"1"代表该指标所占的权重最大。

0 和 1 之间的数值越大，表示所占的权重越大。值得注意的是，每个维度的权重值加总为 1。

第五，计算每个维度的总分。如表 12-3 所示，每个维度的每个指标的重要性分值与权重分值相乘，得出每个维度的每个指标的分值，将这些分值加总，即得到每个维度的总分。

第六，形成企业志愿服务项目评估框架。根据表 12-3 列出的每个维度的总分值，在 Excel 表中形成表示各个评估维度的雷达图，如图 12-1 所示，清晰地展现企业志愿服务项目评估的结果。

表 12-3　企业志愿服务项目评估维度示例

评估维度	具体指标	指标的重要性（1~5分）	指标的权重（0-1）（每个维度加总为1）	各指标的分值（指标的重要性×指标的权重值）
企业品牌宣传	品牌知名度	5	0.4	2
	品牌信誉度	5	0.3	1.5
	品牌美誉度	5	0.3	1.5
该维度的总分	5			
项目本身的意义	对企业发展的意义	5	0.6	3
	对利益相关方的意义	4	0.4	1.6
该维度的总分	4.6			
员工的参与体验	员工参与的积极性	5	0.3	1.5
	员工参与的持续性	5	0.4	2
	员工参与的满意度	4	0.3	1.2
该维度的总分	4.7			

表12-3(续)

评估维度	具体指标	指标的重要性 （1~5分）	指标的权重（0-1） （每个维度加总为1）	各指标的分值 （指标的重要性× 指标的权重值）
被帮助者的受益程度	受益人群的广度	4	0.5	2
	被帮助者的满意度	5	0.5	2.5
该维度的总分	4.5			
项目的可持续性	项目持续开展的年数	5	1	5
该维度的总分	5			

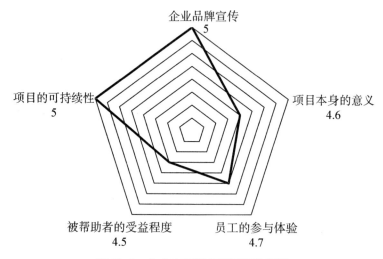

图12-1　企业志愿服务项目评估框架

此外，企业可以根据需要对企业志愿服务项目评估的其他维度如企业志愿文化、企业团队的凝聚力等进行更细致的剖析，分为更具体的指标，以强化对企业志愿服务项目评估维度的理解与应用。值得注意的是，在选取企业志愿服务项目评估的维度时，不同的企业开展不同的志愿服务项目，对于不同的维度有不同的理解。因此，在企业志愿服务项目评估过程中，企业应灵活选取最适合的评估维度。

这里以天齐锂业为例，评估天齐锂业茂县心愿树志愿服务项目。

项目背景：天齐锂业心愿树志愿活动依托"我的锂想教育季——锂想课堂"主题志愿服务，在分部开展"锂想"课堂进校园的基础上，由志愿者将"科技"主题课程带入偏远的山区，与此同时也将茂县青少年的心愿带出大山，带入城市，并鼓励天齐内部员工志愿者和外部爱心志愿者共同协助，完成这些孩子们的小小心愿。

2020 年度，茂县心愿树志愿活动在两所当地学校收集礼物共计 60 份，其中内部参与认领 180 人次，外部参与认领 100 余人次；同年 12 月底，由 5 名志愿者代表前往茂县完成心愿树回访，正值新年之际，学生和志愿者都感受到了满满的爱心和动力。

表 12-4 显示了天齐锂业茂县心愿树志愿服务项目评估的维度。

表 12-4　天齐锂业茂县心愿树志愿服务项目评估的维度

评估维度	具体指标	指标的重要性（1~5 分）	指标的权重（0~1）（每个维度加总为1）	各指标的分值（指标的重要性×指标的权重值）
企业品牌宣传	品牌知名度	5	0.3	1.5
	品牌信誉度	5	0.4	2
	品牌美誉度	5	0.3	1.5
该维度的总分	5			
项目本身的意义	对企业发展的意义	4	0.4	1.6
	对利益相关方的意义	5	0.6	3
该维度的总分	4.6			
员工的参与体验	员工参与的积极性	5	0.3	1.5
	员工参与的持续性	5	0.4	2
	员工参与的满意度	5	0.3	1.5
该维度的总分	5			
被帮助者的受益程度	受益人群的广度	4	0.5	2
	被帮助者的满意度	5	0.5	2.5

表12-4(续)

评估维度	具体指标	指标的重要性 (1~5分)	指标的权重（0-1） (每个维度加总为1)	各指标的分值 (指标的重要性× 指标的权重值)
该维度的总分	4. 5			
项目的可持续性	项目持续开展的年数	5	1	5
该维度的总分	5			

图 12-2 展示了天齐锂业茂县心愿树志愿服务项目评估的结果。

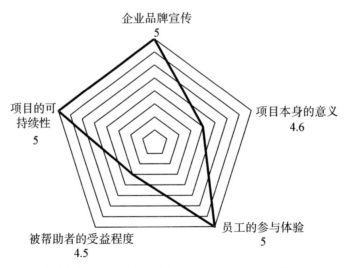

图 12-2　天齐锂业茂县心愿树志愿服务项目评估图

13 企业志愿服务的激励

13.1 激励的定义

激励（motivation）是激发和鼓励人朝着所期望的目标采取行动的过程。组织的生命力来自组织中每个成员的热忱，要想实现组织的目标需要员工的共同努力，因此激发和鼓励员工的创造性和积极性非常重要。

在对激励的内涵充分理解的基础上，要理解激励的过程。激励过程是在外部激励诱因和内在需要（内驱力）的共同作用下，员工心理紧张产生动机，进而出现为实现目标而努力的行为，最终目标满足需求，然后此满足状态再反馈给员工，从而实现的一个完整的闭合循环（张平，2019）。

激励由三要素组成，如图13-1所示。

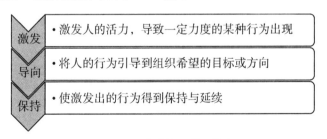

图13-1　激励的组成三要素

13.2 激励的基本理论

激励理论主要有内容型激励理论、过程型激励理论、行为改造型激励理论。

内容型激励理论从研究需求入手，着重探讨什么东西能使一个人采取某种行为，主要代表理论有需求层次理论、ERG 理论、双因素理论、成就激励理论。

过程型激励理论研究一个人被打动的过程，着重研究行为产生、发展、改变和结束的过程，主要代表理论有期望理论、公平理论。

行为改造型激励理论从行为控制着手，着重探讨如何引导和控制人的行为，将消极行为变为积极行为，代表理论有归因理论和强化理论（张平，2019）。

13.3 激励的方法

13.3.1 物质激励

物质激励是一种最基本的激励措施，物质激励往往会在制度中呈现。管理制度完善、薪酬制度完善的组织在物质激励方面都有一套成型的制度依据，物质激励的精度控制远比非物质激励容易得多。

物质激励范围很广，可分为：长期激励，例如员工培训、认股分工；短期激励，例如薪酬福利的提升。物质激励还可分为：无形激励，例如提供更好的办公条件；有形激励，例如补充住房基金。

实践中，很多物质激励措施都有明确的计算依据，这些物质激励措施必须严谨且合理。否则，容易出现下面的不良情况：一是容易让员工抓到企业不公平和歧视用工的把柄，二是很容易触犯劳动法、社会保险法等相关法规。另外，激励奖赏的度需要精确把握，要求太低而奖励太高，容易让员工觉得奖赏得来全不费功夫，不能激发员工的积极性；但如果要求太苛刻而奖赏太低，又容易让员工觉得奖赏者太吝啬，起不到该有的激励作用（钱锡红 等，2019）。

2006 年的一项研究发现，45%的雇主认为工资是导致顶尖人才流失的关键因素，71%的最佳员工认为工资是顶尖员工流失的首要原因（罗宾斯 等，2012）。

13.3.2 精神激励

随着社会经济的发展，员工对精神层面的追求越来越高。在说精神激励之前，我们先介绍言语行为激励。当员工取得一定的成绩或者实现一定的目标后，领导干部及时的眼神鼓励、言语激励、赞赏行为等，都能够激发员工群体的工作干劲。因此，企业对员工进行激励时，应该科学采用言语行为激励（赵贺，2019）。

精神激励是言语行为激励的一种升华。它相对于物质激励而存在，是一种表彰性的行为。在实际的激励过程中，当员工取得一定的进步或者成绩时，或者当员工做出突出贡献时，企业可以采用颁发荣誉证书等方式来给予精神激励（赵贺，2019）。如员工的人际关系需求、情感需求（爱、认可、尊重等）、自我实现需求等，可通过表彰、组织文化建设、改善工作环境、工作丰富化等方式予以满足，从而激发其工作热情（钱锡红 等，2019）。

13.3.3 科学的激励方法

科学的激励方法是物质激励与精神激励相结合，"激"表示激发人的意愿，属于精神层面，而"励"往往代表着物质方面的奖赏；从构词法的角度来讲，"激励"本身也是精神和物质的结合。

一个企业只有物质激励而没有精神激励，可能使员工丧失工作的内在动机。而人的物质欲望是不断升级且无止境的，如果只有单纯的物质激励，可能只强化了员工的物质欲望，同时，由于物质激励边际效用递减的原因，企业的激励成本也将大大增加（钱锡红 等，2019）。

一个企业如果只有精神激励没有物质激励，则只能在短期内调动员工的积极性和创造性；如果仅仅只有表扬而无任何实质奖励，则这种激励的效果很难持久。比如，领导时常表扬某位员工，那该员工在产生荣誉感的同时，也会有加薪、晋升的期待，领导如果没有任何实际的表示，难免会使该员工感到领导的表扬是虚伪的，因而日后不再把领导的表扬当回事（钱锡红 等，2019）。

13.4　企业志愿服务的激励机制

激励机制指激励主体与激励对象通过组织体系中的激励因素相互作用的方式。激励机制是一个以制度化为基础、以人为本的人力资源管理体系。合理有效的激励机制应以实现组织目标为基础，根据成员个人需要，兼顾效率和公平，通过制定适当的行为准则和分配制度，实现人力资源的合理配置，实现组织利益与个人利益的协调统一和激励相容（陈萍 等，2019）。

志愿服务是指志愿者、志愿服务组织和其他组织自愿、无偿向社会或者他人提供的公益服务。它有三个评判标准：基于个人自由意愿；行动是为了公共利益；行动不应以经济回报为主要目的。

从志愿服务的定义出发，我们认为志愿服务的激励机制主要是精神激励。不可以对志愿服务有贵重的物质奖励，否则是违背志愿服务精神的。当一项志愿服务活动因为没有物质激励而影响到活动参与率的时候，我们将认为该志愿服务活动是不成功的。

13.4.1　志愿服务激励机制的建立

2019 年 8 月，成都市出台了《成都市志愿服务激励办法（试行）》，建立了成都首个系统性的志愿服务激励机制。

数据显示，成都市注册志愿者已达 250 万人。《成都市志愿服务激励办法（试行）》首先明确了要对志愿服务及评价标准进行认定。在"成都志愿者网"和"全国志愿服务信息系统"注册登记的志愿者和志愿服务组织或队伍均属于认定范围，且志愿服务时长以"成都志愿者网"和"全国志愿服务信息系统"记录时长为依据。参加志愿服务时长累计达到 1 500 小时的，将被评为"五星级志愿者"。

《成都市志愿服务激励办法（试行）》还详细地规定了志愿服务在教育方面、就业创业方面、城市落户方面、文体展馆和景区方面、医疗服务和交通服务方面的激励机制（成都市，2019）。

13.4.2 企业案例

1. 英特尔成都

我们以英特尔成都为实际案例，讲述企业志愿服务中的激励机制。

（1）英特尔的荣誉称号

对于英特尔的员工来说，每年"最佳员工"的评选是一项非常值得关注的大事，而"最佳员工"的评选标准非常严苛，除了完成超越预期、超出本职的工作以外，还需要参与员工俱乐部的活动并在其中担任领队，其中包括志愿服务活动。"最佳员工"的评选不仅与参与志愿服务的小时数有关，还需要在活动中担任领队。这样的荣誉对于企业开展志愿服务活动具有十分显著的激励作用。

对"最佳员工"的奖励制度，在物质方面有具体标准，其中包括年假、现金奖励等；精神方面体现在与家人在年会中领奖，共同见证荣誉。

除了"最佳员工"的评选，英特尔每年都会在年会中选出"十佳志愿者"，评为"十佳志愿者"的员工可以获得邀请家属参加公司年会的特殊待遇。

英特尔志愿服务的最高荣誉称号要数"志愿服务英雄奖"，这是在英特尔参与志愿服务领域最优秀的象征；获得"志愿服务英雄奖"的员工及家属会被邀请到美国总部，参加为年度最佳成就奖而设的晚宴，同时，英特尔基金会还会向他们所服务的公益机构捐赠一万美元。

通过《英特尔责任密码》对获得英特尔"最佳员工"和其他荣誉奖项的员工的采访可以看到，大多数获奖者不仅表示这是对之前工作的肯定，更重要的是对以后工作的激励，他们希望在以后的志愿服务工作中以身作则，起到榜样的作用。

（2）英特尔的企业文化激励

英特尔的志愿服务之歌"I'm In"中写道："Volunteering can change our lives；love can change our world." 2015 年，英特尔将这首歌拍成 MV 并上传网络，志愿者日当天，该 MV 播放量达到了 5 000 次以上。这首歌记录了英特尔员工参与志愿服务的点点滴滴，同时对于员工来说也是一种文化的激励。

除此之外，在英特尔的食堂里有一面志愿服务墙，上面有上千名员工志愿者的头像，下面附有他们参与志愿服务的小时数，其中也不乏英特尔高管的头像。这样的企业文化渗透进入了员工的日常工作和生活，也激励着他们更多地参与其中。

（3）来自外部的激励

英特尔的志愿服务与政府组织有着密切的交流。在政府组织的支持下，英特尔也会推荐员工参与外部的志愿服务活动，也曾有员工被评为"成都好人"，不仅成为英特尔的骄傲，也在增强社会影响力。

（4）其他激励

英特尔志愿服务的负责部门会向参与志愿服务的员工直属领导和员工本人发送邮件表示鼓励和感谢，员工可获得软件生成的电子证书，这对参与志愿服务的员工也是一种精神上的激励。

员工参与志愿服务将会获得公司特别定制的杯子，杯子上印有志愿服务的标识和宣传语，除此之外还为参与志愿服务的员工定制印有标识和宣传语的 U 形枕，供员工下班坐班车时使用。这样的物质激励体现在各方面。这样直接明显且适于各种办公场景的物件，使得对志愿服务员工的激励变得"可视化"，同时也从物质激励转化为一种精神的激励。

在英特尔参与志愿服务活动的同时，员工能够学到不同的技能，增强自己的管理、沟通能力，同时有利于扩展人际、扩展自身的职业生涯发展。

企业高层领导参与志愿服务对于员工来说同样是一种不容小觑的精

神激励。管理层对于员工具有榜样作用，同时也是精神的领袖，因此，志愿服务的组织责任部门，鼓励更多的领导参与是至关重要的。（在活动组织时间方面可以适当根据领导的时间稍做平衡，或是根据领导的时间做小的调整。）

文化传播方面，内部的新闻报道、视频宣传和媒体的对接都对志愿服务具有精神激励作用。

2. 天齐锂业

我们以天齐锂业为例，阐释天齐锂业员工志愿服务激励机制。

2020 年设计形象 IP "小齐" 系列，并将该系列主要用于两方面：

其一，物质激励。可爱的小齐形象 IP 被印刷制作成鼠标垫、徽章等，用于日常激励积极参与并做出贡献的志愿者。

其二，精神激励与文化传播。志愿者参与 "锂想" 课堂主题志愿服务的课程开发、天水一色·水地图生物多样性本地调研，可积极发挥个人主观能动性，将 "社区、教育、环境" 主题衍生的小齐形象设计在项目课程课件或宣传手册中，志愿者将作为讲师的角色，亲自去校园或园区，为学生或社区伙伴展示个人的创意与研发/调研知识点；在志愿服务活动的开展过程中，提升个人成就感，传播志愿服务精神。

天齐公司的志愿服务文化源自它的企业文化。下面将从企业志愿服务文化的精神、制度和物质三个层次，研究天齐公司的员工志愿者激励机制的实施现状及未来展望。

（1）精神文化层面的激励

"共创锂想" 是天齐公司的使命，同时也是其开展员工志愿服务的主要精神依据。

首先，在设计主题志愿服务时，便融入 "共创" 的理念，对服务的形式、对象、内容等进行详细设计，加强了对 "锂" 相关知识的应用的科普；其次，作为化工生产型企业，天齐将环保的理念融入志愿服务中，使得志愿服务能与公司的核心业务相结合，并有针对性地设计亲子类等主题活动，增加员工的参与率，提高对参与志愿服务的认同感以及志愿服务文化的渗透度。与此同时，天齐公司计划每年发布企业志愿服务报告，创建志愿服务期刊以及公众号，鼓励员工志愿者投稿，并且定期进行员工志愿服务问卷调查，收集志愿者的关注点和兴趣点，通过多种多样的方式更好地设计志愿服务项目。另外，天齐公司注重对志愿者的赋能，定期开展志愿者技能培训，不仅助推员工志愿者自我成长，也传播了志愿服务精神，从而形成一种强有力的志愿服务文化，再反作用到企业，起到激励、凝聚和导向作用。

在文化传播层面，天齐公司拥有专属的口号"共创锂想"，以及自己的标识、手势、旗帜、标语、服装、围巾等等；拥有基于真实志愿服务故事改编的微电影——志愿者团队的温暖力量；拥有志愿者共创的"志愿者之歌"。正如藏头歌词所写："共"同播种下希望，"创"造未来的闪亮，"理"解世界的模样，"想"象未到达的远方。天齐公司希望借助志愿者之歌记录志愿服务的点滴故事，表达"共创锂想"的初心。这些精神层面的媒介，不仅能很好地传播天齐公司员工志愿服务文化，对于员工志愿者来说也是一种文化的激励，同时增加了员工认同感和荣誉感。

另外，天齐公司也计划通过庆典和表彰大会的形式，对优秀志愿者或者志愿者团队以及突出的个人事迹进行回忆和复盘，根据志愿服务时长以及贡献度来评选"十佳志愿者"，请公司高管亲自颁发荣誉证书，同时在"天齐志愿服务墙"上进行荣誉展示，从而宣扬员工志愿服务文化的核心精神。举办和开展庆典仪式和表彰活动可以潜移默化地提升员工对志愿服务的认可度和参与度。

（2）制度文化层面的激励

首先，天齐公司以原有组织架构为基础，搭建了志愿者团队的专有组织架构。由公司社会责任部牵头，联合行政部、人力资源部、党群工作部、工会以及沟通与传讯部等成立了"志愿服务顾问小组"，负责制定志愿者管理制度、统筹和协调内外部资源；社会责任部作为志愿服务日常管理和协调的执行部门，与五个生产基地分部联动推进具体志愿服务的开展。"志愿服务顾问小组"和各分部部长通过讨论和协商，制作了《天齐志愿者服务手册》，并且以"志愿者护照"的形式发放给员工志愿者，其作为有创新形式的制度文件，受到了很多志愿者的好评。手册内容涵盖了志愿服务的定义、专注的领域、组织架构、如何参与和开展志愿服务、如何记录服务时长等部分，较为全面地为后续工作的开展提供了规范化和操作化的指导。

其次，天齐公司社会责任部正在联合人力资源部计划向管理层申请制定志愿服务的调休、带薪休假制度等，以保障员工志愿者的利益。另外，天齐公司计划参考政府现有的政策，例如《成都市志愿服务激励办法（试行）》，并结合企业自身特点建立自己的激励制度。根据志愿服务贡献小时数、金额、贡献度等因子评定"天齐星级志愿者"，发放星级证书，并适当考虑物质激励。

再次，在员工志愿者的赋能和成长方面，天齐公司也做了一些尝试和规划，建立志愿者培训制度。例如：在新员工入职时，加入志愿服务的视频/音频培训；专业类别志愿服务之初，邀请外部专家开展专项培训；邀请星级志愿者为员工分享志愿服务的故事；等等。

最后，天齐公司启动了员工志愿服务"领队培养计划"，以《天齐志愿者领队工作说明》为基础，构建了从招募、培训到实践的一整套完整的培养体系。充分发挥志愿服务领头人和积极分子的作用，能从资源整合、组织管理和沟通协调等方面发挥志愿者领队的自主能动性，在保证志愿服务高效实施的同时也将提升领队的个人能力，从而促进志愿者人才梯队建设。

（3）物质文化层面的激励

天齐公司的物质文化建设初显成效，其有专属的标识、旗帜、纪念品、服装等。

天齐公司配备了员工志愿服务的专项预算，并且公司工会从工会经费中预留了一定数额的资金，支持公司志愿服务的发展，给予了员工志愿服务强有力的资金保障。未来，公司还计划配备一定预算，在保证服务过程中的基本交通/餐食等补贴以后，为优秀志愿者/团队及家属提供一定物质激励，如公益休假、志愿服务纪念品等。另外，根据志愿服务主题本身开发文创产品，如"水地图"拼图，赠送给优秀志愿者以及更多的利益相关方，在传播志愿服务精神的同时，激励更多的员工参与进来。

另外，开展"志愿服务创新大赛"也是天齐公司未来重点推进的项目，旨在通过联合外部政府相关部门、公益组织、在地社区等力量，助力员工志愿者围绕"环境、教育和社区"三大主题开展志愿服务创新，员工可以联合公益组织就某一公益项目提出经费使用申请。天齐公司将为优秀的志愿服务项目提供专项"种子基金"，好的服务项目可以遴选为天齐公司的品牌公益项目，并持续地执行下去，甚至以内部向社会组织或社会企业看齐为目标，有效整合内外部资源，充分发挥天齐志愿者的主观能动性，增强员工参与志愿服务的吸引力。

3. 德州仪器

再以德州仪器（TI）为例，阐释德州仪器的志愿服务激励。

在德州仪器，对志愿者的激励大体可以分为两种类型——精神激励和物质激励。在经过对众多志愿者的采访后，发现精神激励往往起着更加重要的作用。精神激励也是志愿者本人更加看重、让其更有成就感的激励类型。

TI 针对全球的志愿者服务项目，会进行一年一度的"TI Founders Community Impact Award"（德州仪器创始人社区影响力奖）的评选，设立该奖是为了表彰那些慷慨奉献自己时间、才干和资源来协助社区的德州仪器志愿者。该奖同时向在职员工和退休员工开放提名。

这个奖项可以由自己或身边的人提名某个团队或者个人参与该年度的评选，而公司最终将对获奖者和进入决赛者采取以下奖励方式：

其一，公司最终将奖励获奖者或团队，向他们选择的非政府组织捐赠 1 万美元的礼物；

其二，公司最终将奖励 5 名决赛选手，向他们选择的非政府组织捐赠 2 500 美元的礼物。

这种以爱传爱、将爱扩大的激励方式，大大推动了志愿服务文化的传递，并且能够加强与当地社区之间的联系，用更多的互动和合作方式开展志愿活动，扩大影响力。

德州仪器在和"上海心连心"开展为心脏病患儿奔跑的活动时，该组织赠送给了德州仪器员工志愿者每人一个玩具小熊，每个小熊的衣服都是单个志愿者亲自设计和制作的，极具意义。这些小熊将被赠送给所有为爱奔跑的员工，无形中将全国其他活动的志愿者和德州仪器志愿者爱心通过小熊串在了一起，是非常富有正能量的一种有意义的物质奖励。

德州仪器在公司餐厅设立了志愿者服务墙，将每年前 5 名的志愿服务小时最长的志愿者的照片展示出来，并且简单描述其事迹，不仅鼓励了这些志愿者，同时也号召大家向他们学习。德州仪器针对所有的志愿者活动项目，都定制了印有"Get Involved"的体恤，也会根据各个项目的特殊性，定制相应的实物产品，如为爱奔跑项目中带有标识的臂包、遮阳帽等，这不仅体现了公司品牌的统一性，同时也很好地传播了企业的志愿文化。

同时，德州仪器针对每一次的志愿活动，都会根据志愿者的服务小时或者影响力提供相应价值的礼品奖励。例如：年度志愿小时排名前10，将得到价值 100~300 元不等的礼品；环保周活动积分排名靠前的志愿者可以从礼品池里面选择心仪的礼物。总而言之，组织者都希望物质的礼物能够和志愿精神相结合，创造出更有意义的礼物选项。

14　企业志愿服务种子基金

目前企业主流的做法是将善款直接捐赠给基金会，而这个捐赠存在委托代理问题，信息不对称成为企业与基金会合作的障碍，沟通是最大的挑战。

企业往往在捐款时获得新闻报道，之后资金的使用去向虽然透明，却没有持续的汇报，很多基金会没有建立与捐赠者间的可持续维系关系。这样的捐赠事业是很难持续的，且企业员工没有亲自参与履行企业的社会责任，可能逐渐偏离企业开展公益活动的初衷，或不能升级和创新。

因此，建议通过设立种子基金的方式，让企业员工真正参与履行企业的社会责任，以志愿服务为载体，促进企业价值观、文化理念的形成，让种子基金最终成为企业志愿服务文化的"大树"。

14.1　设立企业志愿服务种子基金

14.1.1　设立企业志愿服务种子基金的原因

很多企业通常的做法是把全部的善款捐赠给基金会等公益组织，这固然好，但是企业的善款不能发挥最大的效果。

首先，慈善机构在法律层面存在一定缺失，募集款项在使用和反馈上也存在一定缺陷。比如：某些慈善机构现代化管理理念和管理制度的缺失使得组织运作不透明，缺乏必要的行业自律、监督和审计，善款的管理和使用不透明，善款使用上随意性大，甚至出现侵占、挪用、贪污的行为；对于善款的来源、分配、去向和用途，缺乏有效的监督和信息查询手段，使得社会慈善产生各种偏差，并滋生腐败问题。这就导致企业有的时候出于善心将资金投入慈善机构，但如果企业没有对相应的公益组织做尽职调查，对伦理项目把握不准确，效果可能会相反。比如"微博炫富事件"曝光以来，中国慈善事业遭遇了前所未有的窘境。

其次，从志愿服务的角度来讲，员工很难参与其中，志愿服务文化也就很难形成，而且善款常常很难与公司的愿景使命价值观结合起来，企业从事公益项目虽然提高了企业的声誉，但并没有把企业社会责任融入整体的企业战略规划之中，偏离了企业实施公益活动的初衷。

14.1.2 设立企业志愿服务种子基金的意义

我们并非否定现金捐赠，但捐赠能够发挥作用的话，最好要有公司的 CSR 等相关人员参与公益项目的设计。具体而言，为了更好地促进公司志愿服务文化的形成，我们建议公司设置"志愿服务种子基金"，以企业设立的公益基金为种子，开展志愿服务，在此过程中促进企业的文化价值观向员工传递，巩固企业的文化。

首先，企业志愿服务使得员工之间产生互动，它更强调员工经历或见过的事件或行为，再通过自己的视角来解释这些事件，并与同事达成共识（罗德尔 等，2017），进而促成在整个组织中形成广泛共享以及持久的规范和价值观的集合（Zhao et al., 2018），它可以成为企业战略的一部分，强调自上而下的企业对员工的影响，促进企业文化的形成。

志愿服务种子基金成为企业与员工之间的桥梁，产生对员工思维方式和行为方式的影响，提高员工与员工之间、员工与企业之间的信赖程度。

其次，企业志愿服务文化作为企业文化的一部分，是与企业整体的愿景、使命和价值观相一致的。企业提供志愿服务，是对企业文化的贯彻执行或对企业文化的补充。

第一，增加员工参与对社会有真正影响的项目。罗德尔在 2013 年指出员工的志愿活动与他们的工作领域之间是有交集的，有意义的志愿

127

工作对他们的吸引力更大，而有意义的志愿活动也对员工的工作表现有积极影响。

第二，培养员工的创业精神，开展团队合作以解决社会问题。企业的志愿活动氛围在情感承诺方面体现为员工对员工的态度，这种氛围最终在很大程度上影响员工的工作态度，并且可以通过企业志愿活动对社会产生积极的影响（罗德尔 等，2017）。

第三，鼓励员工在团队中自行组织，带动项目。如果将员工的行为根据对企业环境的影响程度由低到高分为"坚守本分""人际利他""超越本分""组织公益"四个层面，那么企业所形成的志愿服务文化对员工"坚守本分"的行为有积极的影响。企业如果能够组织员工加入志愿服务活动中去，那么会对置身于活动中做出贡献的员工产生"超越本分"的行为影响（张叶云 等，2018）。

学者杨文（2013）的研究表明，当以志愿者项目形式开展时，项目有价值，吸引员工志愿者热情、持续地投入，帮助解决受助者面临的社会问题——越能解决问题，越能产生良好的社会效果。

14.1.3　设立企业志愿服务种子基金的目的

企业设立志愿服务基金是为企业员工与非营利组织/非政府组织（NPO/NGO）、学校等公益机构合作开展的志愿服务提供资金保障。

种子基金主要为员工团队提供机会，让他们提出自主开发的志愿服务项目，利用他们的技能与非营利组织/非政府组织或学校合作，并在项目开始时就用种子基金为其项目提供基本保障。通过志愿者计划，员工向企业基金会或公司申请资金，用作实施项目的直接费用。申请的资金必须少于或等于预计用于实施项目的志愿者服务小时数。

下面举例予以说明。

（1）一个志愿者团队希望与一所学校合作，让学生学习水的检测和净化。员工们计划与学生一起为村里的水井制订一个测试草案，并为该水井安装适当的净水系统。员工们估算了他们将花费在规划项目、与学生合作和安装所选系统上的小时数。基金会根据他们对与学生合作所需时间的估计，预先为这些服务时间提供资金，用作支付检测设备和净化系统的费用。

（2）员工们有兴趣为社区中心建立一个回收中心，将垃圾分类放入对应的垃圾箱，以使垃圾回收规范有序。根据他们对与非政府组织合作完成该项目所需时间的估算，他们申请了资金，用于支付建造回收箱和为社会开展公共宣传/教育活动的费用。

（3）一个志愿者小组一直在与当地的收容所合作。在宿舍设施明显不符合安全标准的情况下，员工同意建造新的防火门和烟雾报警器，并安装灭火器。他们的前期资金将用于购买建筑材料、警报器和庇护所的安全设备。

14.2 企业志愿服务种子基金的管理

该部分主要介绍企业志愿服务种子基金的管理所属部门、可申请的额度以及申请企业志愿服务种子基金的条件。

14.2.1 管理部门

志愿服务种子基金由企业基金会、企业社会责任部门、企业工会、企业人力资源部门、企业总经理办公室等管理，具体职责如下：

（1）负责计划年度基金预算；

（2）负责组织基金预算的申报和评审及发放；

（3）监督检查基金的管理和使用情况；

（4）负责企业年度基金总预算。

14.2.2 基金的额度

5 000～50 000 元的基金额度企业视自己的情况而定，项目启动时由项目领队申请种子基金，在志愿服务项目开展过程中，项目领队可根据志愿服务活动开展情况与实际经费需求调整种子基金申请额度。

　　管理部门根据项目领队提交的公益创意、开展意义、运行情况、社会效益等立项情况进行评估，对符合标准的志愿服务项目统一发放基金，基金发放标准依据志愿服务项目开展所需的实际花费，在基金支持额度范围内实报实销。

14.2.3　基金的申请条件

　　（1）团队申请：有2~5人的一个团队，大力鼓励至少有两名员工的团队，并将优先考虑。核心团队的每个成员都应在申请中注明。一旦获得资助并开始实施项目，可根据需要为项目招募更多的志愿者，没有上限。为什么要团队申请？因为如果项目领队离开公司，团队的其他成员需要承担完成项目的责任。也可以招募新的志愿者协助完成志愿服务项目范围内的工作。

　　（2）企业与学校或非政府组织的合作团队。志愿服务团队可以提交初步申请，但项目必须是与非营利组织/非政府组织或学校共同设计的。在提交申请时，需提供非营利组织/非政府组织或学校的正式支持信。种子基金资助将直接提供给非营利组织/非政府组织或学校，而非营利组织/非政府组织或学校必须是符合中国民政部或地方民政局规定的、依法成立的与慈善组织等效的非营利组织/非政府组织或学校。

　　（3）项目有一定的意义，可行性强，可持续性强，项目团队的凝聚力强，整体精神风貌良好。

　　（4）公司员工作为志愿者参与志愿服务。

　　（5）项目执行期一年。

　　（6）所申报的项目符合公司的公益项目发展方向。

　　（7）申请基金金额的大小应该与参与率和小时数成正比。

　　（8）有直接管理的经理的认可，由认真负责的项目经理人牵头开展志愿服务，参与服务的志愿者数量有保证。

　　（9）申请的资金的去向是非营利组织/非政府组织或学校等第三

方，而不是员工志愿者本人。

（10）先期尝试开展活动并显示出良好效果的项目优先。

（11）填写申请表。

14.3　怎样判断员工的想法是否符合企业志愿服务种子基金设立宗旨

可以从管理团队的评选标准和评委组评选项目的标准两个方面判断员工的想法是否符合企业志愿服务种子基金设立宗旨，其中管理团队的评选标准包括项目构想以及项目管理两个维度。

14.3.1　管理团队评选标准

在评估和选择项目时，遴选小组将考虑以下因素：

1. 项目构想

● 该项目是否具有可衡量的社会影响？

● 该项目是否涉及公司员工和/或公司以外的利益相关者？

● 项目提议是原创/创新的还是与以前的项目类似的？

2. 项目管理

● 从成本和资源的角度来看，项目是否可行？

● 项目是否有可管理的和明确的范围？

● 项目要求的金额合适吗？

● 项目是否有额外的资金来源？

● 项目能否在所规定的时间内完成？

● 项目是否有一套明确的可交付成果？

● 如何衡量项目的成功？

14.3.2　评委组评选项目指南

（1）企业可以根据自己专注的志愿服务领域设立基金数量，比如

"环保""教育""社区"三只基金，每只基金建议最高5万元。

（2）评选小组将根据项目的总体质量、对社会的影响、方法的创新性和可持续性以及项目在社会上的潜在知名度来选择。

（3）根据各地区雇员人口的百分比来分配各地区选定的项目名额。但是，评审小组将根据项目的总体质量做出最终决定，这可能影响到企业捐款的地域分布。具体如下：

- 评委组保留每年调整分配名额的权利；
- 一个组织每次资助的项目不超过1个；
- 所有提交的材料将按区域进行审查；
- 每个区域将选择最多数量的项目供企业社会顾问团或者公司内部CSR组成的评审团审查；
- 企业社会顾问团或者公司内部CSR组成的评审团将经高层管理团队批准后，进行最终选择。

14.4 企业志愿服务种子基金的过程监督与汇报

项目已经批准之后的考察要求包括：在线上提交正式申请，申请完成后合作双方遵守捐款协议，并对项目执行的期中记录、最终报告内容、时限、提交对象等做出规定。

- 项目一经批准，非营利组织/非政府组织或学校将被要求通过企业或企业基金会在线资助申请工具填写一份正式的资助申请。志愿者团队负责人可以协助非营利组织/非政府组织或学校完成这一过程。企业或企业基金会在线资助申请工具将要求提供有关非营利组织/非政府组织或学校的额外信息，但其他方面的内容将与原始申请相同。
- 一旦申请完成，企业或企业基金会将生成一份捐款协议，并发送给志愿者团队负责人。捐款协议是该志愿服务团队完成项目的承诺，并规定了提交最终报告的要求。每个团队负责人将收到指示，以协助该组织提交所需文件。

● 所有项目必须在收到资金后 12 个月内完成。

● 一旦获得批准，志愿者必须在项目期间至少每季度完成一次项目记录。

● 必须在项目完成后一个月内提交报告。报告必须包括项目完成的证明、项目成果的说明和支出报告。报告中还应包括一份完整的报告，说明每个团队成员在项目中的志愿服务时间。

● 项目报告必须由非营利组织/非政府组织或学校提交给企业或企业基金会。

● 如果没有达成预计的目标，即项目实施失败，那么应提交失败的分析报告。

14.5　什么类型的志愿服务项目容易被选上

员工志愿者提供他们的时间、技能和专业知识，以支持世界各地众多的社会项目和学校。他们将时间投入教育活动、生态恢复和保护项目中，以支持青少年并满足人类服务和社会需求。我们希望所提出的项目能够像我们的员工以及他们居住和工作的地点一样多样化。我们欢迎所有的想法。

我们寻找符合该计划项目的主要原则：

● 激励员工利用他们的技能，通过参与社会活动来改变现状；

● 分享我们员工的独特技能，以解决社会问题或满足社会的迫切需求；

● 支持公司的社区参与计划；

● 为公司员工提供发展领导技能或项目管理技能的机会，同时发挥积极作用。

同时，我们也在寻找那些计划周密、能够成功完成的项目。项目应该有一个可管理的范围，并产生可量化的结果。

由于该计划是针对预先资助的项目，因此志愿者服务的小时数必须与获得的资金相匹配。

14.6　员工在申请项目时需要自己的经理批准吗

员工在申请项目时需要得到自己的经理的批准。我们要求申请者与他们的经理讨论他们的项目提案。我们希望志愿者能够在不影响正常工作职责和可交付成果的情况下管理其项目。如果你的提案被接受，你需要像执行任何公司项目一样执行你的项目：按时、按计划完成所有的可交付成果。如果你事先与你的经理讨论过你的提案，这将有助于确保你有时间和获得支持来成功完成你的项目。你的经理应该随时了解你的项目进展和成就。

14.7　企业志愿服务种子基金申请表

表 14-1 是企业志愿服务种子基金申请表。

表 14-1　企业志愿服务种子基金申请表

＊为必填项

以下是申请种子基金所需的资料。

志愿者信息	
××公司团队负责人姓名	
如果有，写上工号	
电子邮件地址	
地区/城市	
＊志愿服务时间承诺	你和你的公司团队成员将花费多少志愿服务时间来实施该项目？一个有多名公司员工参与的应用/项目比一个只有少数员工参与的应用/项目要强。格式应该是整数，四舍五入到最接近的小时，不要有标点符号。例如：2 500，在框中输入 2 500。 重要：必须至少承诺 100 小时
＊请问需要多少志愿者	
学校、社会组织的信息	
＊机构/组织名称	

表14-1（续）

该组织是否是在当地注册的非营利组织/非政府组织、学校或慈善组织？（必须提供拥有相应资格的合法文件）（请标明"是"或"否"）。	是	否
*种子基金的申请是否由政府官员或政府雇员提出？（请标明"是"或"否"）	是	否
*该组织是否将直接协调该项目？（请标明"是"或"否"）	是	否
*这是一个注册的组织吗？（请标明"是"或"否"）	是	否
网站地址		
*组织联系人		
*组织联系邮箱		
*支持信	申请种子基金必须附上支持信。 支持信必须由组织内部有权申请资助的人员发出，且不能是公司的受雇人员。支持信必须使用该组织的信笺，并涵盖以下项目： 1. 组织联系信息，包括姓名、角色、电子邮件地址和电话号码； 2. 组织的法定全称； 3. 项目简介； 4. 公司员工承诺的志愿服务小时数； 5. 对项目的认可，并确认该项目是必要的，同时可以由种子捐款或其他现有资金提供足够的资金	
项目信息（请在回答时做到简明扼要）		
*项目标题		
*项目开始日期	注：日期格式应为 mm/dd/yyyy	
*项目结束日期	注：日期格式应为 mm/dd/yyyy	
*项目持续时间（以月计）	注：不能超过 12 个月	
*项目种子赠款	金额不能超过 50 000 元。格式为整数，四舍五入	
预算考虑		
任何用于设备的资金必须是项目目标所附带的，而不是预算或项目的大部分。 无购买义务。如果项目活动包括购买相关产品和服务，最好不要购买本公司的产品或服务，否则有利益冲突。 或购买含有公司或其子公司生产的组件的产品。被授权购买者将选择产品规格、制造商和供应商的此类产品/服务，根据其项目的目标，由其自行决定		

表14-1（续）

*种子项目预算	详细支出说明	金额（元），格式应是数字；四舍五入到最接近的元，不加标点符号或分值
总额		
*总项目预算	项目的总预算是多少？（可能会超过种子基金的金额。）格式应该是全部数字四舍五入到最接近的元，没有标点符号或分值。如要求￥2 500.00，在方框内输入2 500	
*项目描述	描述一下你所提出的项目。你想做的是什么？举例：经营一个社区花园，为农村小学建一个新的图书馆，为社区公园提供一个太阳能解决方案。 注：最多1 000字	
*社区需求	这个项目对社区有什么影响？对组织有什么影响？为什么需要它？ 注：最多1 000字	
*请说明为什么你认为这个组织有能力承担这个项目	描述该组织过去成功完成的项目、你与该组织的接触以及你看到他们取得的成就，或任何其他表明该组织能够成功完成项目的相关信息。 注：最多1 000字	
*成功指标	这种努力和资金资助的结果会有什么不同？例：300名社区成员每年将有新鲜蔬菜；1 000名学生将可以使用图书馆的书籍；社区公园将安装太阳能照明灯，延长使用时间3小时，夜间更安全。 注：最多1 000字	
*可持续性和结果	项目是否需要持续的资金？资金的来源是什么？一年后项目的预期成果是什么？5年后呢？ 注：最多1 000字	
*你打算如何使用志愿者，特别是公司的员工？	解释你计划如何使用公司的志愿者，并描述任何需要的特殊志愿者技能。 注：最多1 000字	
*你们将如何招募公司志愿者？	说明你将如何招募公司志愿者。 注：最多1 000字	

表14-1（续）

你或你的家庭成员是否会从这个项目中直接受益？ "是"的例子：你的孩子因为你的安排可以免费参加这个项目 "否"的例子：你的孩子将以与项目中任何其他孩子相同的费用/要求参加项目	是	否
*你或你的家人是否是本组织董事会成员或以其他方式参与本组织的管理？	是	否
*你或你的家人是否是本组织的创始人？	是	否
*请注意：所有申请公司参与种子基金的人都必须遵循公司的行为准则和道德并接受合规培训。		

下面以天齐锂业的志愿服务创新大赛项目为例予以说明。

为整合内外部资源，充分发挥天齐志愿者的主观能动性，天齐锂业社会责任部计划开展"天齐志愿服务创新大赛"活动，旨在通过联合外部政府相关部门、公益组织、在地社区等力量，以"种子基金"为载体，助力天齐志愿者围绕"锂想环境""锂想教育"和"锂想社区"三大主题开展志愿服务创新，在提升志愿服务能力的同时助推企业志愿服务的发展。

创新大赛申请简要流程如图14-1所示。

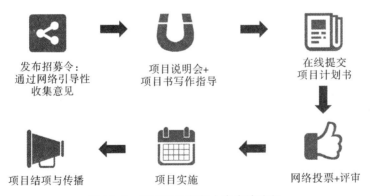

图 14-1 天齐锂业创新大赛申请流程

15　企业志愿服务智能管理

通过对传统志愿服务管理的优化，智能化将使得企业更加出色地进行志愿服务管理工作，综合利用现代化信息技术和人工智能技术，以现有的管理模块为基础，通过智能报名、智能签到、智能统计志愿服务时长、智能评估、智能分享活动照片、智能看板等方式，对企业资源进行智能的整合。把智能化的技术运用其中，有助于企业优化志愿服务管理环节，提高管理效率，促使企业员工参与更多的志愿服务项目，使企业能够更加长久、稳定地发展下去。

15.1　企业志愿服务智能管理的重要性

假设你在负责企业的志愿服务，你能在一分钟之内回答完下面所有问题吗？

（1）你们全年的志愿服务参与率是多少？

（2）你们全年贡献的志愿服务小时是多少？

（3）某个部门经理问你要他们部门的志愿服务数据，你能立刻提供给他吗？

（4）你们一年组织的志愿服务活动都分别做了记录吗？

（5）员工能否立刻报名参加公司的志愿服务活动？

（6）你能很好保存志愿服务的签到记录吗？

（7）如何快速记录几十人、上百人的志愿服务时长？

（8）公司 CEO 想要不同分公司的志愿服务记录，能立刻告诉他答案吗?

（9）公司贡献志愿服务时长最多的 10 名志愿者是谁?

（10）公司全年的志愿服务参与人次是多少?

（11）员工参与率最高的志愿服务项目是哪个?

如果你的企业每年有至少 10 场志愿服务活动，99% 的企业估计很难在一分钟之内回答完以上问题，但你如果问英特尔 CSR 经理，他们肯定可以很快回答你，因为他们可以把这些问题同时放进他们的数据库，系统在 30 秒左右，就会自动发送一封邮件到你邮箱里。他们在 10年前就实现了如此智能和高效的管理。

随着科技的发展，我们企业志愿服务的智能管理变得越来越重要。下面我们就和大家分享一套系统，让大家可以像英特尔一样，实现智能管理，随时随地获得、分析自己企业的志愿服务数据和信息。

银川市玉皇阁北街街道办事处积极探索实行志愿者积分智能化管理，利用 5 万多元的党建创新项目奖金，引进志愿者服务积分智能管理系统，连接电脑、POS 机、积分卡，实现了对社区的志愿者、在职党员、直管党员、人大代表等近 1 500 名志愿服务者的即时管理。之前用表格管理，组织活动时，都是先登记后劳动，有人却只登记不劳动，兑换成积分后就出了问题，到年底经常产生异议，办事处工作人员不得不拿出几十页原始表格对分数，既费时又费力。使用智能化管理系统后，一位志愿者配一个专有的磁卡，先参加活动，最后排队刷卡，轻轻一刷，信息自动在电脑上生成，积分随时可查。这种方式极大地保障了志愿者的积极性。

通过智能管理，企业可以迅速定位到志愿服务的"过去、现在、未来"。利用智能管理工具，企业在进行志愿服务时，能够充分准确地提供服务所需的信息，并根据已有的信息提供相应的智能化解决方案。智能管理可以帮助企业在志愿服务这一项工作上降低运营成本、提升运营效率，最终实现整体企业绩效的提升。

15.2　企业志愿服务智能管理的内容

15.2.1　智能报名

传统的报名和签到方式，如信件、手机、固定电话等，发展为现在的微信，但是这些都不利于快速且有效地搜集和获取相应的信息。相比传统的报名和签到方式，目前的管理信息系统已经在信息处理方式上有了很大的提升，在信息搜集和处理上不再依靠手工方式，而是由计算机系统自动完成，日常的志愿服务信息可以在报名的同时就能够导入终端系统，但是目前的方式最大的不足在于后期汇总信息以及生成最终的报表上存在时间滞后性。智能签到在实时信息加工能力上有了长足的进步。

企业管理员用电子表格软件设计的智能报名表单（见图 15-1）的关键字段包括如下几项：

- 手机号：志愿者真实手机号，便于随时联系。
- 姓名：志愿者真实姓名，便于身份识别。
- 部门：志愿者所在部门，便于数据统计分析。
- 活动名称：通常包含活动的时间和服务内容，便于志愿者选择。
- 详细说明：对活动的时间、地点、要求进行详细说明，便于志愿者理解。
- 备注：报名时让志愿者提供一些附加信息，例如大人几位孩子几位等。

图 15-1　智能报名表

　　电子表格设计好之后，发布到企业志愿服务云平台，自动生成小程序二维码和活动报名链接，企业员工通过手机扫描二维码或点击报名链接进行报名。如图 15-2 所示。

图 15-2　活动报名二维码 & 报名链接

　　智能报名小程序内容和电子表格内容是一致的。如图 15-3 所示。

图 15-3　活动智能报名小程序

志愿者报名成功，会收到手机短信提醒或微信推送提醒。

15.2.2 智能签到

传统的签到方式，需要耗费人力和时间来统计参加者姓名，如果人数众多，很容易产生遗漏，进而导致后续的纠纷。通过事先准备，智能签到可以将志愿服务参与者的相关偏好录入系统，在员工参与志愿服务时，能够高效无误地完成签到。

企业管理员通过电子表格软件设计的智能签到表单（见图15-4）的关键字段包括以下几项：

- 手机号：志愿者真实手机号。
- 姓名：志愿者真实姓名。
- 活动名称：对应参加的活动的名称。
- 直接服务时长：志愿者在活动现场的服务时间。
- 间接服务时长：志愿者在路途中或为活动准备付出的服务时间。
- 总时长：直接服务时长和间接服务时长相加的总和。

图15-4 智能签到表

电子表格设计好之后，发布到企业志愿服务云平台。

企业管理员在活动结束后，通过手机为每位志愿者签到（见图15-5）。其中，服务总时长是自动计算的。

图 15-5　活动结束后手机签到

15.2.3　智能评估

评估内容包括：①志愿服务活动满意度 1~10 分，其中"1"表示最低，"10"表示最高；②志愿服务活动建议，开放的问题需要收集。

传统的评估方式在终端输入、外部数据获取、不同格式数据转换、海量数据维护等方面还存在一定的问题，更重要的是，传统信息管理存在的缺陷容易在企业志愿服务统计评估中造成大量数据重复和不兼容问题。智能评估可以通过数据分析、数据改造、数据清洗、关系识别等方法，较好地弥补这种缺陷，并有针对性地提出建议。

企业管理员用电子表格软件设计的智能评估表单（见图 15-6）的关键信息包括如下几项：

- 手机号：11 位手机号码。
- 姓名：志愿者真实姓名。
- 部门：部门中文名。
- 活动名称：活动中文名。

- 活动满意度：活动满意度的具体分值。
- 活动建议：活动详细建议。

手机号	姓名	部门	活动名称	活动满意度	活动建议
13888888888	Jason	技术部	2020/12/关爱残疾人活动	10	非常棒
13551255533	Peter	人事部	2020/12/关爱敬老院老人活动	9	下次还参加
13551255544	Amanda	财务部	2020/12/关爱孤儿院孩子活动	9	希望多开放一些名额
13551255555	Leo	市场部	2020/12/关爱乡村女教师项目	7	希望能够带家人
13551255533	Peter	人事部	2020/12/关爱敬老院老人活动	10	很棒

图 15-6　智能评估表

电子表格设计好之后，发布到企业志愿服务云平台。

企业管理员在活动结束后，让志愿者在手机上填报反馈信息，如图 15-7 所示。

图 15-7　手机填报评估信息

15.2.4　智能分享活动照片

传统的分享方式，通常是由负责人拍照整理，进行张贴或者以写新闻稿的方式进行分享，这样不仅浪费时间，而且一些参与志愿服务的员工没有及时收到相应的活动照片，会降低他们的活动参与感。此外，活动照片和材料的保存也是一个棘手的问题，纸质照片和材料需要由专门的人员并借助档案室进行管理，查找的时候也耗时耗力。而智能收集和分享活动照片可以通过实时共享以及云储存等功能方便、快捷、及时地实现，如此可以促进志愿服务参与人员之间的感情交流，有利于企业文化氛围的提升。

企业管理员在要求志愿者反馈信息的同时，可要求志愿者通过手机上传 3~5 张活动照片（见图 15-8）。

图 15-8　智能分享活动照片

这些照片可以制作成展示企业文化的志愿服务照片墙（见图 15-9）。

图 15-9　志愿服务照片墙

145

15.2.5 智能看板

可通过智能看板展示以下内容：

（1）公司志愿服务参与率；

（2）公司志愿服务总时长；

（3）公司志愿服务部门数据；

（4）公司志愿服务贡献时长最多的十佳志愿者；

（5）公司不同项目的数据比较与分析；

（6）某项目历年的数据展现。

为制作智能看板，企业管理员需要用电子表格软件设计三个基础信息表：部门信息表、项目信息表、活动信息表。

部门信息表（见图 15-10）包含以下关键数据字段：

● 部门编号：部门唯一编号。

● 部门名称：部门中文名称。

●备注：部门职能说明。

部门编号	部门名称	备注
D1000002	人事部	负责人力资源
D1000003	技术部	负责公司技术开发和维护
D1000004	财务部	负责公司财务
D1000005	市场部	负责公司产品推广及销售
D1000006	后勤部	负责公司物业及后勤

图 15-10　部门信息表

项目信息表（见图 15-11）包含以下关键数据字段：

● 项目编号：项目唯一编号。

● 项目名称：项目中文名称。

● 负责人手机号：11 位手机号码。

● 负责人姓名：负责人真实姓名。

●项目说明：项目简要说明。

146

项目编号	项目名称	负责人手机号	负责人姓名	项目说明
P1000002	关爱残疾人项目	13888888888	Amanda	测试说明
P1000003	关爱敬老院老人项目	13551255511	John	每月关怀一次敬老院老人
P1000004	关爱孤儿院孩子项目	13551255522	James	每月到孤儿院关怀一次孤儿
P1000005	关爱乡村女教师项目	13551255533	Matt	每个年为乡村女教师培训一个月

图 15-11 项目信息表

活动信息表（见图 15-12）包含以下关键数据字段：

- 活动编号：活动唯一编号。
- 活动名称：活动中文名称，含活动的年份和月份。
- 项目名称：活动对应的项目名称。
- 报名截止日期：活动报名截止时间。
- 签到截止日期：活动签到截止时间。
- 活动详细信息：活动简介信息。
- 人数限制：报名人数限制。

活动编号	活动名称	项目名称	报名截止日期	签到截止日期	活动详细信息	人数限制
A1000002	2020/12/关爱残疾人活动	关爱残疾人项目	2020/12/31	2020/12/31	本次活动将于2020/12/31 晚上19:00至21:00点	50
A1000003	2020/12/关爱敬老院老人活动	关爱敬老院老人项目	2020/12/31	2020/12/31	本次活动将于2020/12/31 19:00-21:00在敬老院举办	30
A1000004	2020/12/关爱孤儿院孩子活动	关爱孤儿院孩子项目	2020/12/31	2020/12/31	本活动将于2020/12/31 19:00-21:00在成都孤儿院举办	20
A1000005	2020/12/关爱乡村女教师项目	关爱乡村女教师项目	2020/12/31	2020/12/31	本次活动将于2020/12/31 19:00-21:00在成都小学举行	15

图 15-12 活动信息表

企业管理员针对签到数据进行实时数据透视分析，得到智能分析报表：

- 公司志愿服务参与率与总时长（见图 15-13）。

综合统计看板	
公司员工总人数	20
志愿者总人数	4
公司志愿服务参与率	20.00%
公司志愿服务总时长	14.5

图 15-13 公司志愿服务参与率与总时长

- 公司志愿服务贡献时长最多的十佳志愿者（见图 15-14）。

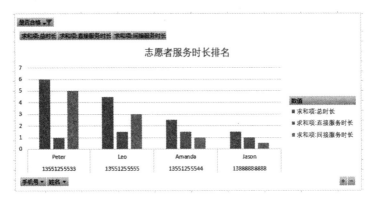

是否合格	合格	⊤

志愿者服务时长排名

行标签	↓	求和项:总时长	求利
⊟13551255533		**6**	
Peter		6	
⊟13551255555		**4.5**	
Leo		4.5	
⊟13551255544		**2.5**	
Amanda		2.5	
⊟13888888888		**1.5**	
Jason		1.5	
总计		**14.5**	

图 15-14　志愿者服务时长排名

● 公司不同项目的数据比较与分析（见图 15-15）。

是否合格	合格	⊤

项目服务时长排名

行标签	↓	求和项:总时长
关爱敬老院老人项目		6
关爱乡村女教师项目		4.5
关爱孤儿院孩子项目		2.5
关爱残疾人项目		1.5
总计		**14.5**

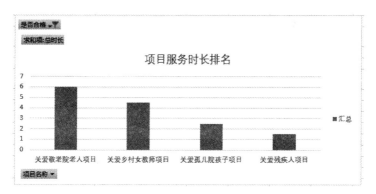

图 15-15 项目服务时长排名

- 公司志愿服务部门数据（见图 15-16）。

是否合格		合格
部门志愿服务时长排名		
行标签		**求和项:总时长**
人事部		6
市场部		4.5
财务部		2.5
技术部		1.5
总计		**14.5**

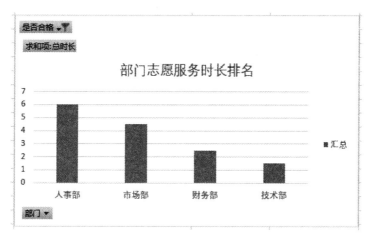

图 15-16 部门志愿服务时长排名

- 某项目历年的数据展现（见图 15-17）。

图 15-17 "关爱残疾人"项目历年服务时长

● 企业管理员将智能看板发布到企业志愿服务云平台，可以在手机上随时查看（见图 15-18）。

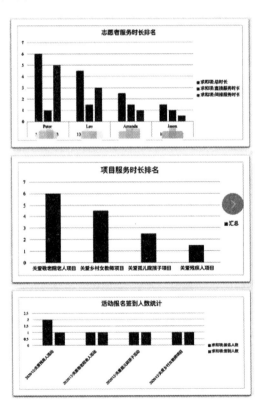

图 15-18 云平台志愿者服务智能看板

15.3 企业志愿服务智能传播

传统的传播方式包括收集、编辑等，仅仅是对信息的简单处理或者存档，没有更深层次的传递信息、促进交流的功能。相比于传统方式，智能管理对创造能力的提升有着关键性的促进作用，志愿服务的前期准备和中期参与固然重要，后期的宣传和整理工作对以后的工作有着更重大的借鉴意义。智能管理系统通过海量信息处理和数据分析、联机工作等功能对企业进行志愿服务的归类和整理提供了更多的帮助，极大地提升了企业文化塑造和传播的速度，这是传统传播方式根本无法实现的。

企业管理员可将志愿服务数据上传到中国志愿服务网（https://chinavolunteer.mca.gov.cn/），为每位志愿者打印颁发国家民政部认可的志愿服务证书。

企业管理员还可以运用 AI 视频剪辑技术将志愿服务照片转为短视频，在抖音、微博、微信等社交平台传播，让更多人关注志愿服务项目。

16　志愿服务文化传播

16.1　文化传播概述

16.1.1　文化传播的概念

文化传播，又名文化扩散，是指文化从一个社会传到另一个社会，从一个区域传到另一个区域以及从一个群体传到另一群体的互动现象（郑金洲，2000）。

文化和传播本身具有同构的特征，即"文化就是传播，传播就是文化"。因此，有人从传播的角度把文化定义为：由特定传播媒介所负载，并由人们设计的传播结构加以维护、推行的社会价值观念体系，以及由传播网络限定的社会行为模式。与此同时又把传播界定为：社会赖以存在和发展的通信、交流形式和文化的信息储存、放大、删减、封锁的活动机制。这种定义并不周全，可它让我们建立起一种真实的想象：传播既是文化画面展开的形式，又是文化生产的"工厂"。我们注意画面时，必定会看到传播的偏向；我们走进"工厂"时，可感受到传播创造文化以及文化间的关系，体会到在传播中按照文化存在和发展的需要去设计文化（单波，2011）。

16.1.2　文化传播的形式

文化传播有四种形式：口语传播、文字传播、图像传播和实物传播。前两种是语言传播，后两种是非语言传播（罗选民，2008）。

在企业志愿服务中，口语传播表现在组织的口号等方面，例如天齐锂业每次开展志愿服务活动都会喊出"共创锂想"的口号，并且用一只手比"L"，另一只手比"爱心"的手势传达出天齐锂业企业志愿服务的独特文化。文字传播表现在组织的横幅标语等方面。图像传播表现在活动的录像、宣传片的拍摄等方面。实物传播表现在物质方面，与物质文化类似。

16.1.3　文化传播的过程

文化人类学家林顿（Ralph Linton）把文化传播过程分为三个阶段：首先是接触与显现阶段，即一种或几种外来的文化元素在一个社会中显现出来，被人注意；其次是选择阶段，即对显现出来的文化元素进行批评、选择、决定采纳或拒绝；最后是采纳融合阶段，即把决定采纳的文化元素融合于本民族、本组织的文化之中。

从地理空间看，文化传播是由文化中心区向四周扩散，根据传播途中信息递减的一般规律，离文化中心区越远的地方，越不能保持文化元素的原形。当一种文化元素传播到另一个地区以后，它已不具有原来的形态和含义，在传播和采纳过程中已被修改过。因此，两地文化只有相似处，完全相同的文化十分少见。

由此可见，企业志愿服务文化的传播带有每一个企业自己的基因，在传播的过程中会接受社会的筛选和优化，也需要不断地强化和巩固，设计更好的志愿服务文化项目和更有创意的传播形式是每个企业都需要深入思考的。

16.2　如何传播志愿服务文化

企业志愿服务文化作为企业的一种特定文化，是企业文化的表现形式，同时也是对企业文化的巩固和补充。在企业志愿服务的发展过程中，传播志愿服务文化成为一个重要课题：企业志愿服务文化的内部传播可以激励员工，潜移默化地加强员工对志愿服务的认可、对企业文化的认可，加强凝聚力，降低员工离职率等；企业志愿服务文化的外部传播可以对外塑造企业品牌，对企业的志愿服务进行传播，增强企业的社会影响力，同时接受来自外部对于企业履行社会责任的监督。

志愿服务的传播同样可以分为四种形式，即标语传播、内容传播、图像传播和实物传播。下面对这四种形式进行详细的案例介绍。

16.2.1　标语传播

企业组织志愿服务活动往往会有自己的团队口号。例如：

英特尔有"I'm In"的口号，传达出志愿者的热情，体现出英特尔的企业文化和英特尔的品牌效应。

天齐锂业每次开展志愿服务活动都会喊出"共创锂想"的口号，并且用一只手比"L"，另一只手比"爱心"的手势传达出天齐锂业企业志愿服务的独特文化。

德州仪器（TI）以"GET INVOLVED"为标语，号召全球的 TIer（TI 员工的自称）一起加入公益事业和志愿者服务，聚沙成塔便可提升影响力，建设更好的社会和社区，最终让 TI 成为一家让他们自己引以为荣、希望比邻而居的企业，而"GET"的最后一个字母"T"和"IN-VOLVED"第一个字母"I"，正好组成了公司的简称"TI"。

16.2.2　内容传播

内容传播体现在志愿服务组织为了宣传活动而发布公告，制作横幅标语、有标识和宣传语的贴纸或在企业内部有与企业愿景、使命和价值观相呼应的标语，通过企业周刊、月刊、季刊公众号等进行企业层面的宣传和表彰等。这些传播形式都围绕着企业志愿服务的主要内容，针对不同的受众选择合适的传播渠道和方式。

德州仪器（TI）在开展志愿活动时，除了考虑其活动是否和公司的公益事业策略如环保、安全等规范吻合，也会考虑该活动是否便于传播以鼓励更多的人参与和关注。

在 2016—2020 年，德州仪器（中国）举行了为爱奔跑的活动，在线下活动时鼓励员工带家属参加，所有参与人员均可领取带有公益 Logo 的体恤、帽子等物品，同时鼓励大家通过小视频的方式上传自己的奔跑瞬间，参与最佳视频的评比，并且在跑步的 App 中建立跑团，家人和朋友都可以参加，同时鼓励大家转发朋友圈打卡抽奖，将联系的纽带和传播扩大到员工的朋友圈，在公司的微信公众号、微博等平台进行传播。这不仅扩大了公司志愿活动的影响力，也无形中激励了员工的志愿行为。

16.2.3　图像传播

图像传播在内部表现在文化宣传片的拍摄，在外部表现在与媒体和新媒体的融合，包括将志愿服务的故事拍摄成宣传片，创作志愿服务之歌等形式。下面将用三个案例来分享德州仪器、天齐锂业和英特尔的志愿服务图像传播。

1. 德州仪器案例

德州仪器每年都会拍摄一个关于公益服务或者志愿者活动的影片，以突出当年志愿服务的核心内容。

2020 年初，德州仪器（中国）拍摄短片，主题是为爱奔跑，拯救幼小生命。短片描述了罹患先天性心脏病的儿童 4 个月的时候查出疾病后，家人倍感绝望。在中国很多贫困地区都存在这样的例子。德州仪器通过和"心连心"合作，找寻到这些家庭，号召员工为爱奔跑，并将奔跑的里程匹配相应的手术数量，同时在片中传递最终取得的奔跑里程数等成果。

片中背景音："如果生命的起点就注定艰难，我们能做什么？这一次，不为朋友圈的赞，不为展示新跑鞋，不为创造新纪录，不为跑赢下一站，我们全力以赴，为每一个幼小的生命，为每一颗跳动的心脏，传递爱的接力与力量。我们一起跑了 30 天，跑过 13 个城市，9 159 千米，我们可以尽情奔跑，因为我们有一颗健康的心脏，我们想救救这些患儿，让他们也可以尽情奔跑。"当声音配上 5 台手术全部成功的画面时，感动了无数德州仪器（中国）的员工，也鼓励了更多志愿者的加入！

2. 天齐锂业案例

天齐锂业是一家以锂产业为核心的化工类制造企业，秉持"经济利益绝不凌驾于环境、健康和安全之上"的发展理念。"我的锂想环境季——天水一色·水地图"主题志愿服务活动中，其活动内容是观测天齐各基地 1 千米范围内的物种，并以绘制地图的形式予以呈现。其目的在于观察并印证天齐生产基地周边生物的多样性与良好的生态环境，以此展现公司践行绿色运营的可持续发展理念。

其中有一则关于员工志愿者和他儿子的小故事：一位员工的儿子以前对化工厂的认知有偏见，认为化工厂不安全、污染严重，他非常不希望自己的妈妈从事相关工作，但是，通过此次活动他对化工厂有了新的认知，对他妈妈所在的公司有了新的认同。天齐锂业将此拍成了一部故事性宣传片，将这样的文化进行内外部传播。

3. 英特尔案例一

2018 年 10 月 4 日，《中国日报》（*China Daily*）发表了一篇关于视障运动员在志愿者的帮助和训练下参与马拉松比赛的报道。2018 年 9 月 16 日，由 87 人组成的志愿者团队帮助 21 名视力受损的运动员与其他正常的跑步者共同完成北京马拉松比赛。志愿团队中有一名姓李的成员，他是英特尔北京公司的一位系统工程师。2016 年的一天，李先生在公园里慢跑时，一群特殊的跑步运动员引起了他的注意，他们用一根绳子两两绑在一起，在他们的装备后面标有"视障人士"和"向导"的字样。

这样的跑步训练引起了他的好奇，2016 年 8 月，李先生加入了"何亚军跑步小组"，成为一名帮助视障运动员完成跑步训练的志愿者。

这些年来，他帮助视障人士完成了多场马拉松比赛，甚至一些国外赛事。在这个过程中，他也感受到视障运动员虽然在身体上处于弱势，但是都具有强大的精神力量，他们坚持克服常人无法想象的困难，在团队中团结协作。

这则报道中提到"Li，39，is a system engineer who works in Intel in Beijing."把英特尔的品牌和志愿服务文化进行了无形的宣传。

4. 英特尔案例二

英特尔的志愿服务之歌"I'm In"是体现它文化传播的重要方式。2015 年，在中国志愿协会的大力宣传之下，英特尔邀请了歌手翻唱这首歌，并将它拍成 MV 上传网络。志愿者日当天，这首歌在网上的播放量达到了 5 000 次以上。成都地铁 1、2 号线也曾播放这首歌。

16.2.4　实物传播

志愿服务的实物传播与物质方面紧密相连。例如英特尔就建立了志愿者文化墙。员工参与志愿服务，同时获得公司定制的特殊杯子，杯子上印有志愿服务标识和宣传语，志愿者员工获得印有志愿服务标识和宣传语的 U 形枕，可在上下班坐班车时使用。在天齐锂业有志愿服务的文化衫、Logo 贴、徽章、鼠标垫等，这些"可视化"的实物是文化传播的重要方式。下面用三个案例来诠释戴尔、国家电网成都和德州仪器的志愿服务实物传播。

1. 戴尔案例

戴尔科技集团通过每次活动的概要总结和每月的通讯稿总结公司的志愿活动和成就，扩大志愿活动的影响力。志愿者文化墙会定期更新每季度活动的图像资料。年度志愿活动积极分子会在全员大会上获得表彰和公司纪念品。

2. 国家电网成都案例

2002 年 4 月，国家电网公司第一批共产党员服务队在国网四川省电力公司成立，庄严承诺服务群众"有呼必应，有难必帮"，开启了为民志愿服务创先争优的奋进历程。近二十年来，电力共产党员服务队成为群众"身边的好人"，带动了全社会向上向善。

四川省国企系统大力推广成立共产党员服务队的做法，水、电、气、路、通信等多个行业的国有企业纷纷成立起共产党员服务队和共产党员志愿者组织，强化国企担当，更好为人民服务。

2018 年 5 月 18 日，由水、电、气、路、通信等 16 个企业和行业协会党组织共同组建的四川省国有企业系统共产党员志愿服务联盟正式成立，进一步整合国有企业系统共产党员志愿服务资源，统筹协调开展党员志愿服务，更好地服务群众，服务社会，不断满足人民群众对美好生活的向往，助力美丽繁荣和谐四川建设。

3. 德州仪器案例

德州仪器除了定制带有自己志愿者 Logo 的物品之外，还和 NGO 合作颁发爱心礼，让志愿者带着荣誉领取奖励。例如，2019 年德州仪器（成都）开展"关爱特殊群体，走进善工家园"的活动，志愿者们除了向孩子们科普了电的作用、来源以及生活中的安全用电小知识，还为孩子们带去了手摇发电机的组装套件，通过实践帮助他们进一步理解。

在志愿者们的引导下，孩子们完成了手摇发电机的组装，小小的发电机不光点亮了霓虹灯，点亮的还有孩子们脸上的笑容。而与此同时，志愿者也带回了孩子们制作的手工小礼品，这些小礼品又作为礼物奖励给了志愿者们，形成了一个爱心传递的闭环，这样的礼物由此变得更具意义。

17 企业志愿服务文化对话回顾

本章通过两位虚拟人物"小志"和"大志"的对话，对前面 16 章的内容做一个回顾，让读者进一步了解如何一步一步地建设企业志愿服务文化。

小志：我们公司管理层决定把企业的志愿服务文化建设起来，所以看了这本《企业志愿文化：可持续发展软实力》，受益匪浅。我看大志你也在看，要不我们一起来聊聊，帮助彼此更好地消化一下。

大志：没问题，首先这本书的实践性非常强，因为作者结合了国企、外企和民企的案例，而且经过了 10 多年的可行性论证；其次公司可以根据企业自身情况，制定战略，花几年时间建立志愿服务文化是能做到的。

小志：那大志哥哥，要建立企业志愿服务文化，按书上说，应该先了解什么呢？

大志：你肯定要先了解一下志愿服务的发展历史了。

志愿服务的发展历史主要包括三个部分：国外志愿服务、国内志愿服务、企业志愿服务的现状与趋势。

大志：小志，我来考考你吧。你能告诉我什么是企业志愿服务文化吗？

小志：这个我会哟。企业志愿服务文化是指企业根据志愿服务管理体系，组织或鼓励员工利用时间、资源、技能等为社区提供非营利、无偿、非商业的福利性服务，并以志愿服务活动为载体，将企业的愿景、使命、价值观融入其中而形成的影响员工意志行为的集体文化。

在本书中，企业志愿服务文化包括：文化与企业文化的定义、企业文化的构成及类型、企业志愿服务文化的定义和企业志愿服务文化的重要性。企业志愿文化是企业文化的重要组成部分，二者相辅相成，共同促进企业的发展。

小志：大志哥哥，什么是企业社会责任？企业志愿服务与企业社会责任是什么样的关系呢？

大志：要了解企业社会责任，需要先了解什么是社会责任哟。根据ISO 26000，社会责任是指组织通过透明和合乎道德的行为，为其决策和活动对社会和环境造成的影响而承担的责任。

企业社会责任，是企业需要根据自身的核心业务，与利益相关者一起，把一切负面的东西最小化，把一切正面的东西最大化，而不仅仅是利润最大化，这样，我们才能共创美好社会，做负责任的企业公民。

企业志愿服务是企业实现企业社会责任的一个重要方式和有效路径，是企业社会责任的重要组成部分。通过开展企业志愿服务，企业与其所面向的组织机构和社会公众之间将建立起一种和谐真诚的互动关系，能够提升良好的产品和服务的品牌形象，能够促进企业吸引和保留有获得感且受到激励的员工。

企业志愿服务可以实现多赢，把社会、经济和环境主体与员工热情以及企业经营需要匹配起来。

图 17-1 显示的是本书 1—3 章的思维导图。

图 17-1　1—3 章的思维导图

小志：什么是企业的愿景、使命和价值观？企业愿景、使命、价值观与企业志愿服务有什么关系呢？

大志：企业愿景是指根据企业现阶段经营与管理发展的需要，对企业未来发展方向的一种期望、一种预测、一种定位。它回答的是"企业在未来将成为什么样的企业"，企业使命是对企业的经营范围、市场目标等的概括描述。价值观是企业在经营过程中努力使全体员工都信奉的信条。价值观是企业哲学的重要组成部分，它是解决企业在发展中如何处理内外矛盾的一系列准则。

全球越来越多的公司把开展志愿服务作为企业践行社会责任的一种重要形式。为了增强企业志愿服务的发展能力，促进企业的可持续发展，企业应将志愿服务上升到战略层面，与企业的愿景、使命、价值观相结合。

小志：什么是企业志愿服务文化现状摸底呢？具体需要怎么开展？

大志：对于企业志愿服务文化的现状，我们主要采用问卷调查的形式进行研究。通过前文，我们了解到企业志愿服务文化是围绕精神、物质和制度三个维度展开的，那么在我们设计调查问卷的时候，也应与这三个维度有关。

通过员工填写调查问卷，我们将根据"新生代和Z时代"员工的需要，更清晰、更有针对性地制定志愿服务，明确企业志愿服务的发展方向，奠定自下而上的文化基础，巩固企业现有的价值观。

从问卷的制作到问卷的回收主要经历五个步骤：组建团队、设计问卷、发放问卷、回收问卷、分析问卷。此外，分析调查问卷数据主要采用直接分析法和交叉组合分析法。

小志：什么是企业志愿服务手册？

大志：企业志愿服务手册是指企业根据自身特点，结合企业志愿服务文化，从精神、物质、制度三个层次来构建基本的志愿服务管理体系，并形成相应的文件和执行手册，用以更好地开展企业志愿服务活动。

企业志愿服务手册属于企业制度文化的一部分，是企业深层意识形态转化为表层实体文化的载体。当手册成文并最终发布，手册便成为企业文化的外部物质表现，属于企业物质文化的一部分，并赋予了传播属性，让人们更容易感受和理解企业特有的精神。

图17-2显示的是本书4—6章的思维导图。

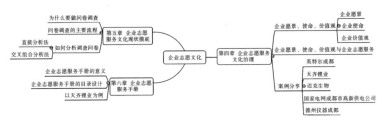

图 17-2　4—6章的思维导图

小志：在本书中，企业志愿服务项目战略设计主要包括哪些内容呢？

大志：企业的战略志愿服务项目的设计往往需要考虑整个项目的制定、实施和评估。一个优秀的企业战略志愿服务项目往往从企业独特的愿景、使命和价值观中衍生出来。

同时，企业在制定项目时需要对企业的外部环境，如政策环境、科技环境等进行分析，识别外部环境中与企业发展相关的社会问题。再进一步进行企业内部分析，匹配企业解决社会问题所具备的优势以及面临的威胁，明确企业解决某一社会问题的能力以及恰当的方式。企业通过内外部环境分析，制定符合企业发展要求的战略志愿服务项目目标，制定和选择合适的项目运营措施，基于项目目标的完成情况，对其进行合理的评价和反馈。

在本书中，企业志愿服务项目战略设计主要包括：企业战略性慈善、企业的战略志愿服务的必要性、企业的战略志愿服务项目设计框架、企业的环境分析、企业的 SWOT 分析、志愿服务项目目标制定、SMART 目标的过程监督与评估。

小志：大志哥哥，可以给我讲讲"企业志愿服务（社区）顾问委员会"吗？

大志：好的。首先，需要了解什么是"利益相关方"，怎么样进行社区实质性议题分析，如何进行社区利益相关方的沟通。本书以"英特尔成都社区顾问团"为例，详细介绍了企业如何进行社区利益相关方的识别与分析、社区实质性议题的分析。

大志：小志，你可以告诉我"企业志愿服务团队的组建"包括哪些内容吗？

小志：大志哥哥，这个我会哟。当今时代，做任何一件事情几乎都离不开团队的共同协作，而个人的力量此时则显得相对渺小，团队变得越来越重要，志愿服务团队的好坏直接决定了志愿服务项目的质量。

在志愿服务团队中，重要的是形成"伙伴合作"关系，而不是上下层级关系。

在本书中，"企业志愿服务团队的组建"主要包括三个部分：志愿服务团队构建的理论基础、志愿服务团队搭建和志愿服务项目的执行。

具体而言，首先，概括分析了团队以及志愿服务团队构建的理论基础，指明了伙伴关系在志愿服务团队中的重要意义；其次，比较分析了志愿服务团队的两种架构并指明志愿服务项目应该依托基于伙伴关系原则的团队架构组建团队；最后，从志愿服务团队的各类成员职能以及项目汇报两方面说明了企业志愿服务项目的具体执行。

图 17-3 显示的是本书 7—9 章的思维导图。

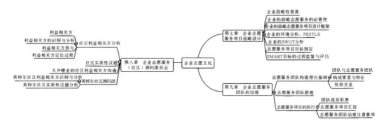

图 17-3 7—9 章的思维导图

小志：企业志愿服务团队中的个人领导力风格，对于企业志愿服务领队能力建设有什么作用呢？

大志：个人领导力风格测试对于领队能力的提升具有重要作用，书里提到了四种领导力风格——设计者/开发者风格、激励者/影响者风格、协作者风格、执行者风格。它可以帮助志愿服务领队了解自己的领导力风格、各种领导力风格的强项和弱项以及如何在团队中与各种风格的成员相处。在此基础上，领队还需要学会在团队工作过程中领导不同风格的其他成员，并了解如何为团队提供支持性的领导。

小志：企业如何与公益机构合作？

大志：企业开展志愿服务，除了从企业内部提升企业开展志愿服务的能力之外，寻找合适的合作伙伴也非常重要。小志，要记住那只手的理论指导哟！

公益机构作为以增进公共福利为宗旨的非营利组织，将会是企业在志愿服务领域的一个重要的合作伙伴，也是企业重要的利益相关方。

一个靠谱的合作伙伴可以实现两者资源、优势的互补，并呈现出企业高度负责的公众形象，从而有助于企业及其志愿服务项目的可持续发展。围绕企业如何与公益机构合作，主要从企业为什么要与公益机构合作、企业与公益机构合作的基础以及如何与公益机构合作三个方面展开。

小志：企业如何评估志愿服务项目？

大志：对企业志愿服务进行系统评估是完善和监督企业志愿服务的重要举措。从企业实用和可持续发展的角度对志愿服务项目进行评估显得特别重要。

具体企业应如何评估志愿服务项目，主要从企业志愿服务项目评估的重要性、企业志愿服务项目评估的方法、企业志愿服务项目的评估的主要依据进行详细阐释，最后形成企业志愿服务项目评估雷达图。

图 17-4 显示的是本书 10—12 章的思维导图。

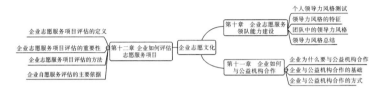

图 17-4　10—12 章的思维导图

小志：在本书中，企业志愿服务的激励包括哪些内容呢？

大志：对于志愿文化的形成，激励特别重要，它必须贯彻在整个过程之中，企业志愿服务的激励机制主要包括三个方面：激励的基本理论、激励的方法、企业志愿服务的激励机制。

小志：什么是企业志愿服务种子基金？

大志：种子基金是建立企业志愿文化极为重要的战略举措。这颗"种子"有可能长成"参天大树"，企业志愿服务种子基金主要包括：为什么设立企业志愿服务种子基金、企业志愿服务种子基金的管理、怎样判断员工的想法符合企业志愿服务种子基金设立宗旨、企业志愿服务种子基金的过程监督与汇报、什么类型的志愿服务项目容易被选上、员工在申请项目时需要自己的经理批准吗、企业志愿服务种子基金的申请表。

小志：在本书中，什么是企业志愿服务智能管理？

大志：智能化的志愿服务，让我们可以从大数据中获得各种信息，企业志愿服务智能管理主要包括三部分：企业志愿服务智能管理的重要性、企业志愿服务智能管理内容和企业志愿服务智能传播。其中，企业志愿服务智能管理内容包括智能报名、智能签到、智能评估、智能分享活动照片、智能看板 5 大模块。

小志：大志哥哥，如何传播志愿服务文化？

大志：首先，需要了解有关文化传播的概念、内容和过程；然后，需要知道企业主要通过标语传播、内容传播、图像传播和实物传播等方式传播企业志愿服务文化。

图 17-5 显示的是本书 13—16 章的思维导图。

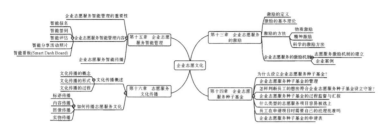

图 17-5　13—16 章的思维导图

18 跨界合作、协同创新企业志愿服务

基于社会问题的复杂性、系统性等特点，倡导企业通过跨界合作、协同创新来开展志愿服务，进而通过优势互补、协同效应、资源整合等解决单个企业独自进行志愿服务时存在的企业优势有限、不必要竞争、资源浪费等问题，从而推动企业志愿服务社会化发展。

18.1 跨界合作、协同创新的理论基础

近年来跨界协同创新取得重大成果，企业志愿服务也不可避免地卷入跨界大潮。跨界合作、协同创新由企业其他合作伙伴组成的众多主体参与并通过这些参与者构成的合作网络之间的互动协同，实现跨组织协同创新的目标。

有学者对企业跨界合作、协同创新进行了研究，为企业跨界协同创新开展志愿服务提供了理论基础。比如新公共服务理论为企业志愿服务树立开放的理念提供了指导，为企业志愿服务跨界合作、协同创新提供了动力支撑。

新公共服务理论强调企业要打破传统的单个企业独自进行志愿服务的格局，形成跨系统、跨部门合作的新型志愿服务模式，加强机构间合作（肖希明 等，2015），提高志愿服务效率。

资源依赖理论也对志愿服务的跨界合作、协同创新提供了理论性启示。单个企业也存在资源短缺的问题，靠一己之力同样会面临心有余而

力不足的困境，通过跨界合作形成志愿服务战略联盟、组织间资源共享，企业可以获取其他组织控制的关键性互补资源，更好地开展企业志愿服务（吴小节 等，2015）。

博弈论是带有竞争性质的理论和方法，按照约束性协议是否达成可分为合作博弈、非合作博弈。合作博弈强调兼顾个人利益与集体利益，支持通过坚持集体主义带来的理性决策（王丽华，2010）。

合作博弈能够创造价值，基于双方共同目标的建立、有效的付出、彼此合理的约束，最终实现集体的价值作用于合作的个体。合作博弈的思想为企业志愿服务跨界合作、协同创新树立了合作目标，即志愿服务的跨界合作是企业与合作伙伴之间实现互惠双赢的"非零和博弈"。

此外，各企业对合作网络内部的冗余资源、可利用的闲置资源、不成规模的离散资源，进行创新资源的最佳配置，提高创新效率，以创新资源、知识和信息的交付和共享为核心，开展志愿服务，创造更多社会价值（张青，2013）。

18.2　社会问题往往不是单一存在的，而是在一个复杂的系统之中

在任何一个社会，社会问题都无处不在、无时不有，是一种常态存在。社会问题往往不是单一存在的，而是存在于一个复杂的系统之中，各个群体的利益诉求复杂多样、千差万别，这些复杂多样的利益诉求在一个时间点上同时出现。

如老年人群体，他们的需求是多样化的。他们有与儿女相处的一些困扰问题，有需要与现代社会有效衔接的问题，有国家对于老年人出台的相关政策了解问题，等等。

社会问题的解决往往超出了单个领域，具有一定的跨界特性，只针对某一个小分支解决社会问题已经不能真正系统地解决社会问题，企业志愿服务跨界合作进而开展协同创新成为解决社会问题的有效手段。

18.3　资源整合，优势互补，避免志愿服务资源浪费

实践方面，推动社会志愿服务跨界合作、协同创新的优点体现在以下几个方面：

第一，实现不同主体优势互补。毕竟一个企业的优势有限，单打独斗难以把复杂的社会问题真正解决。但是多个主体跨界合作的话，来自不同的地区、机构，拥有不同的背景、经验的跨界合作主体，可以充分发挥各自的优势和力量，使企业更好地履行社会责任，克服单个企业解决社会问题的局限性，从而提高企业志愿服务的效率，让志愿服务更专业。

第二，通过合作产生协同效应，取得互利共赢的效果。不同的企业之间不一定在各个方面都是竞争关系，现实生活中大量不同企业往往面临相同的社会问题，比如绿色可持续发展问题、扶贫问题、抗疫问题等等。因此，用合作取代竞争，集中力量办大事，通过合作一起攻坚，产生"1+1>2"的协同效应，即整体效益大于各个独立组成部分的总和的效应，实现互利共赢。

第三，资源整合，避免资源浪费。比如许多企业都针对某一所小学开展教育志愿服务以至于同学们收到了大量同样的书籍、书包等物品，造成资源的浪费。因此，应根据社会需求，从全局观念出发对相关的资源进行重新配置，以优化整个社会志愿服务的资源配置，获得整体最优。

第四，社会问题存在于复杂的社会系统中，社会各个群体的利益诉求呈现出多样化、复杂化的特点。通过跨界合作、协同创新开展志愿者服务，将角色不同、功能各异、资源失衡的多个社会志愿服务主体进行有机衔接，有益于创新志愿服务模式从而有效解决复杂的社会问题，实现合作主体间取长补短，将不同的主体的优势最大化利用，促进志愿服务社会化发展，扩大志愿服务的社会影响力。

18.4 案例分享

18.4.1 成都市企业志愿服务联盟

为充分发挥驻蓉企业（单位）在志愿服务和新时代文明实践中的重要作用，探索跨界合作、协同创新的志愿服务路径，在成都市精神文明建设办公室的指导下，成都市志愿服务联合会发起并于 2019 年 11 月 6 日成立了成都企业志愿服务联盟。该联盟以自愿、平等、互助为原则，通过合作协同创新开展资源共享和服务要素的优化整合，促进产业资本与志愿者、志愿服务组织和志愿服务工作者的良性互动，构建成都企业志愿服务跨界协同创新体系，为广大企业志愿者、志愿团队服务他人和奉献社会创造条件。大量富有社会责任感的企业（单位）共同加入，首批成员包括国家电网、中建三局、美团、咕咚、星巴克、链家、华微电子、京东方、中国电信等 40 余家企业。

自成立以来，联盟成员通过开展专题培训、主题沙龙、项目对接、服务落地、专业咨询等多种形式的服务活动，充分发扬民主，倡导求实、创新、团结、合作精神，聚焦脱贫攻坚、扶贫济困、乡村振兴、城乡社区发展治理、公园城市建设、国际营商环境建设等市委中心工作，开展跨界合作志愿服务和新时代文明实践，为全面建设体现新发展理念的国家中心城市贡献志愿服务力量。比如：

成都市志愿服务联合会于 2020 年联合成都云公益发展促进会，依托成都市"救在身边"专业志愿服务队，组织企业志愿服务联盟，集中开展了"友善公益·救在身边"自动体外除颤器（automated external defibrillator，AED）急救知识和技能志愿服务培训活动。其中，联盟会员单位有的出专业志愿者，有的出技术设备，企业员工认真参加培训，"我是急救侠，危急时刻能出手"，尽显企业社会责任担当。

四川飞豹突击应急救援有限公司是成都市志愿服务联合会组建的企

业志愿服务联盟会员单位之一，其所属飞豹救援队是中国在城市中第一支配备野战车辆应对跨区抢险救援的队伍。在"友善公益·救在身边"AED 急救知识和技能志愿服务培训活动中"飞豹"提供了美国心脏协会（American Heart Association，AHA）资质师资的支持。

四川康益医疗器械有限公司作为联盟会员单位之一，为培训活动提供了 AED 等医疗设备，将 AED 知识和心肺复苏术（cardiac pulmonary resuscitation，CPR）急救技能带进了美容美发、餐饮、互联网等联盟会员单位。超过 300 人次企业员工接受了培训，并成立了 4 支行业"救在身边"志愿服务支队，这些志愿者可以充分发挥公共急救"第一响应人"的示范带领作用。

通过跨界合作协同创新，专业的师资志愿者为企业参与应急急救志愿服务行动提供了专业技能支撑；分行业类别，发挥企业不同优势，开展应急急救技能志愿服务培训，指导企业（员工）参与专业志愿服务活动，提升了志愿服务的有效性。

18.4.2　公筷益走迎大运

通过合作产生协同效应，达成互利共赢的效果。

迈克生物冠名支持由电子科技大学经济与管理学院慈善与社会企业研究中心等主办的"公筷益走迎大运"活动，通过此次活动将健康、绿色、节约等理念融入居民的幸福生活。这与迈克生物在志愿服务战略方向"聚焦于健康与环保方面的可持续发展，从而影响社会各界更多的人关注健康，关注环保"保持高度的一致。

本次活动由成都市精神文明建设办公室指导，电子科技大学经济与管理学院慈善与社会企业研究中心、成都市志愿服务联合会、高新区合作街道办事处主办，腾讯大成网、快手、财经领秀提供媒体支持。

多个成都市企业志愿服务联盟成员参与支持。通过与专业的机构合作，同时得到社区的大力支持，大大扩大了活动的影响力，达成了吸引更多人关注健康和环保的目的。

18.4.3　天齐锂业

天齐锂业计划在每年12月开展"心愿树圆梦计划"，拟向对口帮扶的山区小学学生收集心愿。发动员工、合作伙伴等爱心人士参与心愿认领，爱心人士也可以捐赠125元现金红包，志愿者统一购买爱心小礼物并在当月亲自将礼物送到孩子和老师手中。通过"心愿树圆梦计划"庆祝国际志愿者日以及天齐志愿者团队周岁生日。

2020年12月5日，天齐志愿者代表（10人）首次前往茂县土门小学、东兴小学开展"心愿树圆梦计划"，带回60份小小心愿，当晚便在企业志愿服务项目交流会上推广"心愿树圆梦计划"，现场收到了近20位社会人士的心愿认领。天齐希望通过跨界合作、协同创新开展志愿服务，积极寻求外部合作，组建企业志愿服务联盟，实现志愿服务的可持续发展，从而建立责任品牌。

18.4.4　三峡集团

1. 活动名称

责任三峡——关爱库区先心病儿童，成都有爱共襄善举。

2. 曾获荣誉

2014年成都市高新区特色志愿服务项目。

3. 活动源起

在三峡集团负责开发的金沙江下游区域，水能丰富，但经济比较落后，其中部分地区当时是国家级贫困县，很多患有先天性疾病的儿童因贫困而无法接受有效治疗。对于年总收入不足万元的家庭来说，动辄几万元的手术费无疑是天文数字。有一次，三峡集团移民办一名团委委员（也是志愿者）看到爱佑慈善基金会的网络宣传，说基金会可以资助贫困先心病患儿手术费用。该志愿者想到库区有这么多贫困患儿，估计都符合项目帮扶对象的条件，因此联系到爱佑慈善基金会，核实了网络信息的真实性，并了解了该慈善项目的运作情况。三峡集团移民办团委作为联系患儿与慈善基金会的桥梁，帮助库区贫困患儿参加该项目，赴成都检查治疗。

4. 组织过程

（1）优势互补，寻找患儿

三峡集团移民办团委本身具备两大优势：一是平时工作与地方各县扶贫开发局等政府部门联系较多，因此可以联合政府部门发布通知共同寻找患儿，并且可以较方便地取得基金会要求的政府出具的贫困证明；二是三峡集团移民办拥有自主研发的国内首个水电工程移民信息系统，如果患儿属于三峡集团的水电工程移民，工作人员可以通过该系统查询到患儿家庭取得的移民补偿资金等信息，精准识别其家庭贫困程度。在三峡集团移民办团委和各县扶贫开发局等政府部门的共同努力下，通过优势互补，历时3个多月的宣传、筛选，帮助十余名患儿补全申请材料，并邮寄至北京基金会处。在多名患儿的病历、彩超报告单上，写着"需尽早进行手术，但家属坚持要求出院""已告知疗程不足，家属要求自动出院"等记录。

通过与基金会反复沟通协调，有11名患儿最终通过基金会初步审核。按照基金会要求，他们需要到指定医院，也就是华西医院进行确诊、治疗。但是往返成都的路费、食宿费、检查费等开销，对于贫困患儿家庭仍然是一笔沉重的负担。

（2）合力捐款，共同资助

为帮助患儿顺利赴成都检查治疗，三峡集团移民办团委联系到成都市高新区志愿者协会，共同发动高新区各单位开展爱心捐款活动，共筹集现金35 485.3元，并免费为所有患儿家庭提供三峡公寓酒店住宿和1 000元补贴。2014年4月9日，在活动启动仪式上，来自驻蓉央企、外企，成都高新区社区居民、青年志愿者，志愿者协会党员、团员等爱心人士160余人参加爱心活动并为11名先心病儿童现场捐款14 406.8元。

（3）绿色通道，慰问关心

2014 年 4 月 9 日下午，三峡集团移民办团委志愿者带领患儿及其家属前往华西医院，挂号、检查、确诊、办理入院等均走免排队绿色通道。经检查，11 名患儿中，最终有 4 名患儿需要进行手术治疗，医院立即办理了住院手续并安排了床位。4 月 10 日，三峡集团成都区域各单位团委书记集体前往华西医院关心、慰问患儿及家属，送去水果以及手术费捐款。

5. 活动亮点

（1）参与广泛，形成合力。社会各界纷纷参与捐款，库区各县扶贫开发局、妇联均参加到活动中；引入专业的慈善基金资助手术费用；号召社会捐款并提供住宿等补贴。

（2）绿色通道，方便快捷。帮助患儿赴成都接受西南地区最好的检查、治疗；检查过程中均走绿色通道，为不识字、不会上网的农村患儿家长提供方便，免去了挂号、找路、排队等麻烦。

（3）筹款量大，精准帮扶。筹集捐款 5 万余元，向基金会捐款 6 万元，慈善款项直接用作患儿手术费，所有志愿者均是无偿参与组织活动，无任何管理费、手续费等中间费用。

（4）媒体报道，共同关注。《中国青年报》《华西都市报》等媒体纷纷报道此次活动。三峡集团移民办团委还帮助患者家属联系所在县区民政部门，协助其争取更多的民政救助，引起各县共同关注先心病患儿。

19 企业志愿服务推动社会和经济发展

志愿服务、回馈社会，是现代社会文明程度的重要标志，也是群众参与精神文明创建的有效途径。随着中国经济的腾飞，企业社会责任理念近年来广为流行。志愿服务也越来越受到人们的关注和重视，人们踊跃地投入到志愿服务中来。志愿服务在"个人参与"和"团体组织"的基础上也发展出"企业志愿服务"的新模式。越来越多的企业主动履行企业社会责任。这一方面对员工自身成长、提高责任意识起到了促进作用，另一方面也推动了社会和经济的快速发展。

19.1 志愿服务的目的

1985 年 12 月 17 日，第四十届联合国大会通过决议，从 1986 年起，每年的 12 月 5 日为"国际促进经济和社会发展志愿人员日"（International Volunteer Day for Social and Economic Development），简称"国际志愿人员日"。其目的是敦促各国政府通过庆祝活动唤起更多的人以志愿者的身份从事社会发展和经济建设事业。

提起志愿服务，很多人的理解还停留在去敬老院看望老人、去山村支教等活动。诚然，这些活动都属于志愿服务的一种，但志愿服务还包括环境保护、弱势群体救助等，特别是在企业公民、企业社会责任等理念的影响下，一批批具有社会责任感的企业纷纷组织员工开展志愿服务活动，这些企业开展的志愿服务不断丰富着中国志愿服务的形式与内容，昭示着中国志愿服务事业的发展方向。

联合国可持续发展目标，是联合国制定的 17 个全球发展目标，在 2000—2015 年千年发展目标（Millennium Development Goals，MDGs）到期之后继续指导 2015—2030 年的全球发展工作。2015 年 9 月 25 日，联合国可持续发展峰会在纽约总部召开，联合国 193 个成员国在峰会上正式通过 17 个可持续发展目标。可持续发展目标旨在从 2015 年到 2030 年间以综合方式彻底解决社会、经济和环境三个维度的发展问题，转向可持续发展道路。这些新的发展目标为企业展开志愿服务工作提供了新的方向和目标，通过努力去完成志愿服务工作，企业可以帮助实现这些可持续发展目标。

19.2　企业志愿服务为创造一个更美好的社会

商业圆桌会议（Business Roundtable）是美国非常有影响力的商界组织，由近 200 位美国大公司的首席执行官组成。2019 年 8 月 19 日，亚马逊贝索斯、苹果公司库克等 181 位跨国公司 CEO 签署《关于企业宗旨的声明》，同时宣称：公司的首要任务是创造一个更美好的社会。该文件重新架构企业运营模式核心目标的优先级，进而引发了市场有关推翻"股东利益最大化"的研讨热潮。我们知道利益相关者包括客户、员工、供应商、社区和股东，企业志愿服务提供了一个实现利益相关者利益最大化的一个平台。

19.3　企业志愿服务精神与人类命运共同体

人类只有一个地球、一个世界。2012 年 11 月党的十八大明确提出要倡导"人类命运共同体"意识。习近平总书记会见外国人士时表示，国际社会日益成为一个你中有我、我中有你的"命运共同体"，面对世界经济的复杂形势和全球性问题，任何国家都不可能独善其身。"命运共同体"是中国政府反复强调的关于人类社会的新理念。2011 年《中国的和平发展》白皮书提出，要以"命运共同体"的新视角，寻求人类的共同利益和共同价值的新内涵（人类命运共同体）。

当今世界面临着百年未有之大变局，政治多极化、经济全球化、文化多样化和社会信息化潮流不可逆转，各国间的联系和依存日益加深，但也面临诸多共同挑战。粮食安全、资源短缺、气候变化、网络攻击、人口爆炸、环境污染、疾病流行、跨国犯罪等全球非传统安全问题层出不穷，对国际秩序和人类生存都构成了严峻挑战。人们不论身处何国、信仰如何、是否愿意，实际上已经处在一个命运共同体中，身为新时代的创造者和参与者，通过志愿服务，我们可以见证社会的进步和经济的发展。

19.4　案例分享

扶贫志愿服务，是指志愿者或志愿者团体凭借自己的时间、知识、技能或者体力，自愿、无偿为贫困地区或者贫困人口提供的公益服务。其中，"贫困地区"是指，832 个国家扶贫开发工作重点县、三区三州等深度贫困地区、集中连片特困地区。"贫困人口"是指，国务院扶贫办扶贫开发建档立卡信息系统识别认定的贫困户的家庭成员。"公益服务"是指，针对非亲缘、不确定的多数人利益，特别是为社会弱势群体所提供的自愿、无偿性服务（全国"志愿者扶贫案例 50 佳"，2019）。

19.4.1　企业志愿者扶贫案例

"5·12"大地震给青川县带来了巨大的损失：人员伤亡惨重、多处建筑物垮塌、基础设施全面瘫痪……针对青川县的震后情况，阿里巴巴集团结合当地丰富的农产品资源情况，成立"阿里之家"，通过数百名阿里巴巴电商专业志愿者培训建立网商队伍，改变了当地传统的土特产销售模式，在志愿者与青川人的共同努力之下，青川县农副产品信息服务网络覆盖率达 100%，由单纯的"输血"变为"造血"，推动了当地的经济可持续发展。直至 2015 年，"阿里之家"帮扶结束，但阿里巴巴对青川留守儿童、贫困农户的帮扶一直未间断。

每年都有来自世界各地的乐橙志愿者前往青川开展志愿服务，他们走进校园、社区、村庄，为当地的留守儿童和贫困农户送去祝福、温暖和帮助……在 11 年的时间里，阿里乐橙青川志愿者超过 1 000 人，捐赠资金首批 2 500 万元专项援建青川，志愿者补贴每年达 8 万~10 万元。

阿里巴巴乐橙青川项目对孤儿、留守儿童、贫困人群等开展人文关怀，培育电商人才、孵化电商产业、链接农业产业，为青川灾后重建、脱贫摘帽和可持续性发展做出了积极贡献，同时阿里巴巴也成为全球知名企业。这种互利共赢的帮扶模式，体现了精准性、专业性、创新性和可持续性……

19.4.2　企业志愿者抗疫案例

2020 年 12 月 7 日成都市郫都区出现新冠确诊病例，随即郫都区全面开展全员新冠疫情核酸检测。大家医学检测有限公司承担了部分采样检测任务，由于检测量巨大，需要大量人员协助录入检测信息，达到快速出具检测结果的需求。

经由大家医学检测委托，迈克生物立即联系志愿联盟成员伙伴电子科技大学经济与管理学院慈善与社会企业研究中心，发起了关于核酸检测信息录入的志愿者召集令。在志愿者信息统计方面得到了互联极简公司的大力支持，实现了志愿者信息库快速建立。通过转发志愿者招募信息，非常快速地召集了 40 名志愿者，顺利保障了检测任务的完成。

这不仅是一次企业跨界合作的案例，而且是由志愿者参与解决了社会问题，同时也帮助企业节约了成本，解决了企业全职员工无法在短时间内攻克的问题。

新冠肺炎疫情发生以来，国网成都市高新共产党员服务队第一时间迎难而上、勇挑重担：在防疫一线，组织党员及志愿者坚持 24 小时值班值守，先后到华西医院、省疾控中心、医药企业等 30 家疫情防护重点单位、56 条线路开展特巡，实时监测，掌握线路的运行工况，全力保障辖区内重点客户的用电；还为重点客户开辟办电"绿色通道"，实施"三零"服务，做好疫情防控物资生产类新办企业、需扩大产能企业的用电服务；贯彻国网公司坚决打赢疫情防控阻击战"十项措施"，对辖区内东华电子电脑城、数码广场、A 世界、人南国际等 21 家小微企业开展复工复产用电宣传和检查等工作。

为了方便居民生活，配合防疫减少不必要外出，党员服务队联合企业志愿者第一时间深入各社区张贴《致社区广大电力客户的告知书》，并承诺随时满足居民需求上门处理故障，切实保障疫情期间居民"欠费不停电"。工作之余，支部还为辖区内社区送去 350L 酒精，纾解防疫物资紧缺难题。疫情发生以来，高新党员服务队党支部共联系社区 83 个，发放告知书 126 份，发布线上宣传信息 1 300 余次，快速抢修故障 205 次，为广大居民可靠用电提供了有力保障。

在深入社区开展服务的同时，高新党员服务队还组织队员与特殊帮扶对象建立 24 小时联系机制，每天跟进建档和定点联系的特殊群体。春节时段，市面上购买不到口罩和酒精，高新党员服务队便省下抢修备用口罩和酒精为孤寡老人、残疾人送去；当党员服务队得知有老人家里缺米少油，便及时购买油米菜肉亲自送上门；也有空巢老人由于恐惧疫情，思虑过重，不思饮食，党员服务队便专门上门当"心理医生"，为老人做思想引导。

据统计，在这场战"疫"中，高新党员服务队坚守一线，总共出动车辆 235 台次，完成居民用电故障抢修 429 次，联动党建共建社区，走访企业 26 户，宣传落实国网公司阶段性降低用电成本政策，出动 62 人次，排查隐患 16 处。关爱慰问 46 户特殊帮扶对象，为老人送口罩等防疫和生活用品，开展各类服务 86 次，共检查 383 个点位，排查隐患 67 处，治理隐患 62 处，发放安全用电资料 650 余份，巡视线路 23 条。

参考文献

陈萍，郑宁，2019. 科研管理激励机制研究 ［J］. 中国管理信息化，22（16）：94-95.

陈迅，韩亚琴，2005. 企业社会责任分级模型及其应用 ［J］. 中国工业经济（9）：99-105.

程鹏璠，张勇，2009. 关于企业社会责任的研究综述 ［J］. 西南科技大学学报（哲学社会科学版），26（1）：33-37.

崔喜利，2002. 做好塑造企业品牌的宣传 ［J］. 新闻采编（2）：44.

邓伟志，2009. 社会学辞典 ［M］. 上海：上海辞书出版社.

窦海波，2014. 我国高校高水平集体球类项目团队效能研究 ［D］. 北京：北京体育大学.

高尚全，2005. 企业社会责任和法人治理结构 ［J］. 中国集体经济（1）：8-9.

宫俊卿，2010. 志愿服务发展的现状、问题及对策 ［D］. 济南：山东大学.

郭沛源，于永达，2006. 公私合作实践企业社会责任——以中国光彩事业扶贫项目为案例 ［J］. 管理世界（4）：41-47，171.

国际标准化组织，2010. 社会责任指南 ISO 26000（中文版译文）［M/OL］. 北京：国家标准化管理委员会.

黎友焕，文志芳，2011. 国际标准 ISO 26000 解读 ［M］. 西安：西北工业大学出版社.

李文茂，雷刚，2013. 社区概念与社区中的认同建构 ［J］. 城市发展研究，20（9）：78-82.

罗宾斯，贾奇，2012. 组织行为学［M］. 14 版. 孙健敏，李原，黄小勇，译. 北京：中国人民大学出版社：213.

罗选民，2008. 文化传播与翻译研究［J］. 中国外语（4）：91-94.

苗青，2007. 团队管理理念与实务［M］. 杭州：浙江大学出版社（1）：4-5.

戚振江，王端旭，2003. 研发团队效能管理［J］. 科研管理（2）：127-132.

钱锡红，叶广锋，2019. 领导艺术：激励的精度、灰度及融合［J］. 领导科学（14）：96-99.

单波，2011. 跨文化传播的基本理论命题［J］. 华中师范大学学报（人文社会科学版），50（1）：103-113.

孙继荣，2013. 现代企业社会责任［M］. 北京：中国经济出版社.

孙继荣，2018. 责任时代：变革与创新［M］. 北京：中国经济出版社：327-330.

涂敏霞，2019. 企业志愿服务实用教程［M］. 广州：华南理工大学出版社.

王丽华，2010. 图书馆联盟理论基础探寻［J］. 大学图书馆学报，28（6）：35-41.

王忠平，李颖，周海倩，2017. 中国企业志愿服务的十大发展趋势［J］. 青年探索（5）：41-47.

吴小节，杨书燕，汪秀琼，2015. 资源依赖理论在组织管理研究中的应用现状评估——基于111种经济管理类学术期刊的文献计量分析［J］. 管理学报，12（1）：61-71.

肖希明，曾粤亮，2015. 新公共服务理论与公共数字文化服务资源整合［J］. 图书馆建设（8）：38-43.

杨文，2013. 社会问题解决导向的企业志愿者项目研究：行动动机、战略实施与受助者获益［D］. 武汉：华中科技大学.

尹媛，2016. 志愿服务临时性团队的信任管理研究［D］. 上海：东华大学.

张康之，2008. 论社会以及组织结构的"非中心化"［J］. 江海学刊（1）：87-93.

张平. 2019. 激励在现代企业人力资源开发与管理中的应用分析［J］. 现代营销（经营版）（9）：11.

张青，2013. 跨界协同创新运营机理及其案例研究［J］. 研究与发展管理，25（6）：114-126.

张叶云，郑碧强，2018. 公司志愿服务行为对员工组织公民行为的影响研究——以福建保险业为例［J］. 东南学术（4）：110-122.

赵贺，2019. 激励机制在企业管理中的应用［J］. 中国商论（8）：156-157.

赵曙明，2009. 企业社会责任的要素、模式与战略最新研究述评［J］. 外国经济与管理，31（1）：2-8，49.

郑金洲，2000. 教育文化学［M］. 北京：人民教育出版社：101-103.

周勇，2004. 市场经济条件下企业社会责任的概念及价值［J］. 湖北大学学报（哲学社会科学版）（5）：523-526.

周勇，鲁金玉，2011. 企业志愿者活动：实现 CSR 的一个有效路径［J］. 企业经济，30（3）：152-155.

北邮思修，2012. 追溯志愿服务及其发展［EB/OL］.［2021-09-09］. http：//blog.sina.com.cn/s/blog_ af3d4f6701019lzl.html.

佚名，2019. 成都建立首个志愿服务激励制度［EB/OL］.［2021-09-09］. http：// jcpt.chengdu.gov.cn/qingyangqu/detail.html？url =/chengdushi/300301/12476213_ detail.html.

志愿先锋，2018. 虎哥说志愿（51）：12·5，一些不得不说的志愿服务基本知识［EB/OL］.［2021-09-09］. https：// mp.weixin.qq.com/s？_ _ biz = MzIzNjM3OTQzNg = = &mid = 2247484329&idx = 1&sn = 6fddb515 6482 fa0dae22e830b150a63c&chksm = e8d98feadfae06fcd3f357af731c8bbdac

84ed 18ea5b0186c51b0e212dda2bef74168b72f5d2&mpshare = 1&scene = 1& srcid = 0810M34wAFtVxrfeYsv0LxK5&sharer_ sharetime. _ nf002e7ef91d86 4a5fb715240db0b33071.

中央广播电视总台央视新闻，2019. 习近平致信祝贺中国志愿服务联合会第二届会员代表大会召开 ［EB/OL］. ［2021-09-09］. http：// news. cnr. cn/native/gd/20190724/t20190724 _ 524703872. shtml? from = timeline.

中国社会组织动态，2019. 民政部：全力推动志愿服务事业再上新台阶 ［EB/OL］. ［2021-09-09］. https：// mp. weixin. qq. com/s/OmkE0w1 VME0LOZfMyf3Ihg.

BART C K, 1997. Industrial firms and the power of mission ［J］. Industrial marketing management，26 （4）：371-383.

CARROLL A B, 1999. Corporate social responsibility：evolution of a definitional construct ［J］. Business and society，38 （3）：268-295.

DREESBACH-BUNDY S, SCHECK B, 2017. Corporate volunteering：a bibliometric analysis from 1990 to 2015 ［J］. Business ethics：a European review，26 （3）：1-17.

HU J, JIANG K F, MO S J, et al., 2016. The motivational antecedents and performance consequences of corporate volunteering：when do employees volunteer and when does volunteering help versus harm work performance? ［J］. Organizational behavior and human decision processes，137：99-111.

IRELAND R D, HIRC M A, 1992. Mission statements：importance, challenge, and recommendations for development ［J］. Elsevier，35 （3）：34-42.

JESSUP H R, 1992. The road to results for teams. （team building） ［J］. Training & development，46 （9）：65-69.

MARKWICK M C, 2000. Golf tourism development, stakeholders,

differing discourses and alternative agendas: the case of Malta [J]. Tourism management, 21 (5): 515-524.

PETERSON D K, 2004. Recruitment strategies for encouraging participation in corporate volunteer programs [J]. Journal of business ethics, 49 (4): 371-386.

RODELL J B, 2013. Finding meaning through volunteering: why do employees volunteer and what does it mean for their jobs? [J]. The academy of management journal, 56 (5): 1274-1294.

RODELL J B, BOOTH J E, LYNCH J W, et al., 2017. Corporate volunteering climate: mobilizing employee passion for societal causes and inspiring future charitable action [J]. Academy of management journal, 60 (5): 1662-1681.

SHONK J H, 1982. Working in teams: a practical manual for improving work groups [M]. [S. l]: Amacom.

ZHAO H L, TENG H M, WU Q, 2018. The effect of corporate culture on firm performance: evidence from China [J]. China journal of accounting research, 11 (1): 1-19.